유창하고 즐거운 의사소통

유창성 워크북

이지숙 · 황주희 · 최 숲 공저
신문자 감수

Fluent and Happy Communication
Fluency Workbook

학지사

일상 대화에서 우리는 대부분 특별한 노력 없이 편안히 말을 합니다. 그러나 말이 자주 막히고 반복되어 말의 흐름이 끊어지다 보면 자연스럽게 이어서 말을 한다는 것이 얼마나 중요한지를 깨닫게 됩니다. 언어치료에서는 말의 흐름이 유창하지 않고 자주 막히고 반복되는 문제가 있어 불편함을 겪을 때 유창성장애(말더듬)인지를 판단하게 됩니다. 내 생각을 타인에게 전달할 때 자주 막히고 멈추어서 유창하게 전달하지 못하면 의사소통뿐 아니라 심리적인 어려움까지 동반하게 됩니다. 유창하게 말을 할 수 있다는 것은 삶의 질과 연결된 중요한 부분이라고 할 수 있습니다.

많은 언어재활사가 임상 현장에서 치료하기 어려운 분야 중 하나가 유창성장애라고 합니다. 학교에서 배운 이론적 지식을 치료 대상자에 맞게 재구성하여 적용하기 어려운 장애 중 하나이기 때문입니다. 또한 유창성장애 아동을 양육하는 부모님 역시 유창성 회복을 위해 아동에게 어떤 도움을 주어야 할지, 아동이 말을 더듬을 때 어떻게 반응해 주어야 할지 혼란스러울 때가 많습니다.

『유창성 워크북: 유창하고 즐거운 의사소통』은 우리의 목표인 '더 유창하게, 더 즐겁게 말하기'를 연습할 때 이용할 수 있는 유창성 활동 워크북입니다. 직접치료를 하는 언어재활사가 아이들과 여러 가지 유창성 증진을 계획할 때 사용할 수 있습니다. 유창성치료에서 우리의 목표는 아동이 자신감 있고 능력 있는 의사소통 전달자가 되도록 돕는 것입니다. 이 워크북은 특히 학령기 아동을 대상으로 많은 활동이 구성되어 있습니다. 읽기가 어렵거나 각기 다른 연령의 아동 및 청소년에게 적용할 때는 융통성 있게 변화를 주는 것이 필요합니다. 또한 아동의 흥미와 말더듬 정도, 언어능력 등에 따라 다양한 자료로 바꾸어 주기 바랍니다.

유창성장애치료에 관한 이론에 근거하여 목표기술 방법을 제시해 놓았으며, 임상 현장에서 오랫동안 유창성장애 아동을 치료한 임상가들의 활동을 모은 치료 비법 정리노트입니다. 치료 순서에 따라 자료들을 구체적으로 기술하였으므로 부모님도 쉽게 적용하실 수 있습니다. 치료 시 이 워크북을 부모님이 함께 사용하도록 지도한다면 집에서도 편리하게 이용이 가능합니다.

이 워크북 활동을 구성하는 데 도움을 주신 신·언어임상연구소 성진아 소장님 그리고 김은나,

김혜원, 이송민 선생님께도 깊은 감사를 드립니다. 워크북 자료들을 활용해 즐겁게 말 연습을 함으로써 아동들이 자신감을 가지고 편안하게 의사소통할 수 있게 되길 기대합니다.

2022년 6월

저자 일동

유창성장애란?

유창성장애는 일반적으로 말더듬(stuttering, stammering)과 같은 말로 사용합니다. 특히 구어 유창성을 말할 때는 말의 연속성, 속도, 지속성, 동시조음 그리고 노력이라는 요소들을 넣어 정의하고 있습니다(Starkweather, 1987). 그러므로 말이 각 음절이나 낱말로 부드럽게 연결되고 내용 또한 논리적으로 멈춤이 없이 의미적 정보가 전달될 때, 말이 유창하다고 할 수 있습니다. 반대로, 말이 연속성이 없고 멈춤이나 쉼이 있으며 말속도에 문제가 있고, 특히 결정적으로 말을 하는 데 부적절한 노력이 들어가면 유창하다고 할 수 없습니다. 그러므로 유창성장애(fluency disorder)를 정리하면 편안한 말의 흐름에 어려움이 생기는 현상으로, 음절이나 소리반복, 연장 또는 막힘 등 일차적인 특징(핵심행동)이 나타나고, 이를 극복하려고 하는 반응이나 노력과 같은 이차적인 특징이 보이며, 이러한 것이 반복되어 심리적 어려움을 겪게 되는 '말장애'라고 할 수 있습니다(Guitar, 2014; Van Riper, 1982).

말을 더듬는 사람의 비유창성은 단어 내 운동단절(within word motoric breakdown, Yaruss, 1997)이 있으며 이때 진성 비유창성(stuttering-like disfluency, Yairi & Ambrose, 2005) 유형을 보인다고 합니다. 이는 일반인의 비유창성과 차이가 있다는 것입니다. 이러한 진성 비유창성 유형에는 소리나 음절반복, 알음절 단어반복, 연장 그리고 막힘 등이 있습니다. 이에 비하여 일반적인 비유창성은 가성 비유창성(other disfluency, Yairi & Ambrose, 2005)이라 일컬어집니다. 가성 비유창성 유형으로는 단어나 문장반복, 단어나 구의 삽입, 수정이나 불완전한 구 등이 있습니다. 이때 어떠한 비유창성 유형이라도 빈도가 많거나 지속시간이 길다면 일반적인 유창성과는 더 많은 차이가 느껴집니다.

말더듬 발생(onset of stuttering)은 주로 어린 나이에 시작되는데, 두 낱말 조합을 사용하기 시작하는 시기(1.6세)부터 사춘기(11~12세)까지로 보고 있습니다. 특히 2세에서 5세까지 그 발생빈도가 제일 높다고 알려져 있습니다(이승환, 2005; Guitar, 2014; Manning & DiLollo, 2018). 처음 말더듬을 보인 아동 가운데 75% 정도는 청소년이 되기 전에 회복하지만 나머지 아동들은 말더듬 문제를 계속 보이기도 합니다. 치료 없이 회복하는 경우를 자연회복이라 하는데, 이는 주로 말더듬을 보인 지 1년 이내에 일어납니다(Yaruss & Reardon-Reeves, 2017). 자연회복은 2~4세까지도 일어나지만 시간이 지날수록 그 비율은 낮아집니다. 현재 가장 일치하는 연구자들의 주장에 따르면, 조기에 전문가의 도움을 받을수록 회복 확률이 높고 심리적 부담감이나 부수행동과 같은 이차적인 문제를 유지할 가능성도 적다고 말합니다(Kelman & Nicholas, 2020; Manning & DiLollo, 2018).

 ## 말더듬 치료 방법

어린 아동들의 경우는 먼저 언어 환경의 변화와 부모-아동 상호작용 방법의 변화를 통해 회복을 촉진하는 **간접치료**를 하게 됩니다. 가정에서의 유창성 방해요인을 찾아 아동의 말에 대한 부담을 덜어 줌으로써 유창성 회복에 도움을 줄 수 있습니다. 이러한 간접치료를 통해 아동의 유창성 회복이 충분하게 이루어지지 않으면 다음 단계로 직접치료를 고려합니다. 또한 학령기 아동의 경우 또는 간접치료가 어려운 경우 바로 직접치료를 실시하기도 합니다. **직접치료**를 시작할 때 치료의 형태를 단계적이고 체계화된 프로그램치료로 할 것인지 또는 놀이식 치료를 할 것인지는 아동의 성향에 따라 결정합니다. 하지만 가능한 한 '더 유창하게 말하게 하는 방법'을 목표로 하는 유창성완성법 (fluency shaping therapy) 프로그램치료의 형태를 따르기도 합니다(이승환, 2005). 아동치료에는 발성과 조음을 부드럽고 편안하게 하며 동시에 말더듬에 대한 민감성을 줄이고 의사소통에 대한 자신 감이나 문제해결력 그리고 말하기의 즐거움을 증진시키는 기술을 이용합니다(Manning & DiLollo, 2018). 이러한 직접치료 과정에서 치료사는 많은 활동을 계획하는 데 놀이나 게임과 대화 등 다양한 방법을 동원하게 됩니다. 이를 위하여 유창성 향상을 위한 여러 가지 활동 개발이 필요하고 이『유창성 워크북』을 활용할 수 있습니다.

1. 속도 조절

말을 더듬는 아동들은 말을 할 때 적절하게 쉬고 말해야 할 것을 계획할 수 있는 시간을 주었음에도 말을 빨리 하는 경향을 보이기도 하는데, 이러한 빠른 말속도는 유창성을 깨뜨리는 요인이 됩니다(Kelman & Nicholas, 2008). 그러므로 먼저 말속도를 감소시키는 방법을 알려 주어야 하며 이것은 유창성을 유도하는 가장 일반적인 치료 방법입니다. 말속도를 감소시킨다는 것은 초당 1음절을 발화하는 연장된 말(prolonged speech)의 형태로 느리게 말하기로 시작할 수 있으며(Reardon & Yaruss, 2004), 이때 주의해야 할 점은 낱말의 소리를 길게 연장할 때 지나치게 과장하기보다는 정상적인 악센트, 억양 등에 초점을 두어야 한다는 것입니다. 이후 유창성이 안정됨에 따라 속도를 높일 수 있습니다.

2. 긴장 조절

유창하게 말하도록 도와주는 또 다른 방법은 **편안한 시작**(easy start)입니다. 이 기술의 주요 목표는 비유창성을 증가시키는 신체적 긴장(physical tension)을 감소시키는 것으로(Reardon & Yaruss, 2004), 낱말(word), 문장(sentence) 혹은 구(phrase)를 좀 더 쉽게 시작하거나 막힘(blocking)이나 투쟁(struggling) 같은 신체적 긴장을 감소시키는 것을 포함합니다(Cooper & Cooper, 2003; Raming & Bennett, 1997).

3. 말조절 연습 과정

아동이 말의 속도와 긴장에 대해 변별하고 산출할 수 있게 되면 **위계**(hierarchy)에 **따른 확립 및 전이 과정**으로 말을 조절할 수 있는 훈련을 시작하게 됩니다. 이에 대한 연습의 예는 다음과 같은 위계로 진행할 수 있습니다.

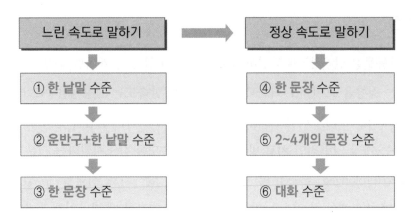

느린 속도로 말하기	→	정상 속도로 말하기
① 한 낱말 수준		④ 한 문장 수준
② 운반구+한 낱말 수준		⑤ 2~4개의 문장 수준
③ 한 문장 수준		⑥ 대화 수준

출처: Guitar (1998).

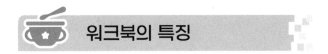 **워크북의 특징**

이 워크북의 최종 목표는 유창성장애 아동이 '느리게 말하기'와 '편안하게 시작하기'에 대한 개념을 스스로 인지하고 변별하여 산출하고, 위계에 따라 유창성을 증진시키는 반복적인 연습을 통해 '가능한 한 더 유창하게' 말하고 의사소통할 수 있도록 하는 것입니다. 이에 워크북의 첫 시작에서는 유창성장애 아동에게 속도와 긴장의 개념을 알려 주고 변별 및 산출할 수 있도록 도와주는 방법을 소개하고 있습니다. 이 방법은 필요하다면 유창성장애를 치료하는 모든 회기에 적용하게 됩니다.

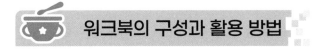 **워크북의 구성과 활용 방법**

『유창성 워크북: 유창하고 즐거운 의사소통』은 학령기 아동이라면 누구나 쉽게 접하고 이해할 수 있는 친숙한 주제로 구성되어 있습니다. 총 4부로 구성되어 있으며 각 부는 다섯 가지의 주제를 담고 있습니다. 주제마다 다양한 말놀이를 제시하여 언어적 위계에 따른 유창성 조절 연습이 가능하게 하였습니다. 주제와 위계에 따른 활동 내용은 다음과 같습니다.

1. 주제

제1부 달팽이	제2부 나비	제3부 나무늘보	제4부 잠자리
나	동물	공부	여행
가족	탈것	직업/꿈	봄
집/동네	놀이	운동	여름
음식	마트/백화점	감정	가을
옷	학교	건강	겨울

2. 주제별 활동 내용

말놀이 활동	언어적 위계에 따른 수준					
	읽기			말하기		
	음절	단어	문장	단어	운반구	문장
1. 생각그물				○	○	○
2. 글자 숨바꼭질	○	○			○	○
3. 뒤죽박죽	○	○			○	○
4. 연상퀴즈		○			○	○
5. 이 빠진 낱말		○			○	
6. 낱말 숨바꼭질		○			○	○
7. 빙고게임		○			○	○
8. 한글행맨				○	○	○
9. 암호퍼즐				○	○	○
10. 문장 완성하기			○			○
11. 수수께끼 기차						○

3. 워크북 활용 방법

이 워크북은 유창성 회복을 돕기 위한 구체적인 치료 방법을 제시하고 있습니다. 또한 워크북의 활용도를 높이기 위해 한 주제를 대상으로 샘플 스크립트를 작성하여 첨부하였습니다. 물론 스크립트는 언어재활사나 부모님께서 좀 더 쉽게 워크북을 활용할 수 있도록 하나의 본보기로 제공한 것이며, 얼마든지 치료 대상 아동과 새로운 답들을 찾아볼 수 있습니다.

치료 목표는 단어 수준에서 천천히 부드럽게 말하는 것을 시작으로, 점점 언어적 단위 길이를 확장하여 문장 수준과 구 수준에서도 천천히 부드럽게 산출하는 것입니다. 이 목표를 달성하기 위해 다양한 주제와 활동을 통해 반복적으로 연습을 해야 합니다. 또한 워크북 내용을 바탕으로 더 많은 주제를 이용하여 동일한 형식으로 확장해 나갈 수 있으며, 청소년 및 성인에게도 적용할 수 있습니다.

유창성장애를 가진 이들이 유창성을 회복하는 데 『유창성 워크북: 유창하고 즐거운 의사소통』이 조금이나마 도움이 되길 기대합니다.

차례

친절한 지침서 / 21

[제1부] 달팽이 / 61

 나 ● 63

옷 • 127

[제2부] 나비 / 143

동물 • 145

겨울 ● 373

정답 ● 389

친절한 지침서

유창성 회복을 위한 지도 방법
- 천천히 살살 말하기 -

1단계: 속도와 긴장에 대한 개념을 알 수 있다.

속도와 긴장의 개념은 말이 아닌 다른 여러 가지 움직임에서 먼저 알 수 있도록 합니다.

■ 속도(빠르게 vs 천천히)

예를 들어, 치료사는 움직임이 빠른 대상(예: 토끼, 치타, 말, 스포츠카, 고속열차 등)과 움직임이 느린 대상(예: 거북이, 나무늘보, 달팽이 등)의 종류를 아동과 함께 이야기해 보고, 행동으로 표현하면서 속도의 개념을 알려 줍니다. 아동이 속도의 개념을 이해하면 치료사는 그림 자료를 보여 주며 빠르게 말하기와 천천히 말하기를 모델링해 주고 아동이 속도의 차이에 따라 모방산출할 수 있도록 합니다. 이때 어떻게 말하는 것이 쉬운지 또는 편안한지를 아동과 함께 이야기하면서 느리게 말하기가 더 쉽고 편안한 말하기라는 것을 알 수 있도록 도와줍니다.

치 료 사: ○○이는 동물 중에서 빠른 동물 하면 생각나는 동물이 뭐야?

아　　동: 토끼, 치타.

치 료 사: 우와! 빠른 동물을 많이 알고 있네. 맞아. 토끼도 깡충깡충 빠르고, 치타는 정말 빨리 달리더라. **(이때 치료사는 행동으로 빠르게 뛰는 모습을 보여 주어도 좋습니다.)** ○○아, 우리, 치타가 달려가는 모습 한번 흉내 내볼까? **(아동의 반응을 확인한 후)** ○○이가 정말 잘하는데!! 그럼 ○○아 치타는 빨리 달리니까 말을 한다면 어떻게 말할까? **(아동의 반응을 확인한 후)** 치타는 말도 빨리할 것 같아. 우리 동물들 이름을 빨리 말해 보자. 선생님이 먼저 해 볼게. ○○이가 잘 듣고 똑같이 따라 해 줘 봐. "토끼" "치타" **(이때 치료사는 굉장히 빠른 속도로 모델링을 주고, 아동도 빠른 속도로 말을 하도록 유도한다.)**

치 료 사: 그럼 이번에는 느린 동물하면 어떤 동물이 생각나?

아　　동: 거북이, 나무늘보.

치 료 사: 좋았어. 거북이나 나무늘보는 정말 천천히 걷는 것 같아. **(이때도 행동으로 느릿느릿 걷는 모습을 보여 주면 좋습니다.)** ○○아, 우리 그럼 거북이가 느릿느릿 걷는 모습을 흉내 내 보자. **(아동의 반응을 확인한 후)** 좋았어!! 거북이나 나무늘보는 느릿느릿 걸어 다니니까 말을 한다면 어떻게 할까? **(아동의**

반응을 확인한 후) 말도 느리게 할 것 같아. 우리 느린 동물들 이름을 천천히 말해 보자. 선생님이 먼저 해 볼게. ○○이가 잘 듣고 똑같이 따라 해 줘. "거~북~이" "나~무~늘~보" (이때 치료사는 너무 느린 속도가 아닌 편안한 정도의 느린 속도로 모델링을 주고, 아동이 모방하도록 유도한다.)

치 료 사: ○○아 치타처럼 빨리 말하는 게 쉬웠어. 거북이처럼 느리게 말하는 게 쉬웠어?

아   동: 느리게요.

치 료 사: 맞아. 선생님도 느리게 말하는 게 훨씬 쉬웠어. 그래서 우리는 이제 말할 때 더 쉽게 말을 하기 위해서 천천히 말을 하는 연습을 할 거야.

■ 긴장(세게/딱딱하게 vs 살살/부드럽게)

속도와 마찬가지로 힘이 센 대상(예: 공룡)과 힘이 약한 대상(예: 나비)의 종류를 아동과 함께 이야기해 보고, 행동으로 표현하면서 긴장의 개념을 알려 줍니다. 그 후 치료사는 그림 자료를 이용하여 세게/딱딱하게 말하기와 살살/부드럽게 말하기를 모델링해 주고 아동이 모방산출할 수 있도록 합니다. 이때 어떻게 말하기가 쉬운지 또는 편안한지를 아동과 함께 이야기하면서 살살/부드럽게 말하기가 더 쉽고 편안한 말하기라는 것을 알 수 있도록 돕습니다.

치 료 사: ○○이는 동물 중에서 힘이 센 동물 하면 생각나는 동물이 뭐야?

아   동: 공룡, 코끼리

치 료 사: 우와! 힘이 센 동물을 많이 알고 있네. 공룡이나 코끼리는 걸을 때도 쿵쿵 힘이 정말 센 것 같아. (이때 치료사는 행동으로 코끼리나 공룡이 힘 있게 걷는 모습을 보여 주어도 좋습니다.) 우리, 공룡이 힘 있게 걸어가는 모습 한번 해 볼까? (아동의 반응을 확인한 후) ○○아 공룡은 힘이 세니까, 공룡이 말을 한

다면 어떻게 말할까? (아동의 반응을 확인한 후) 공룡이 힘이 세니까 말할 때도 아주 힘이 많이 들어갈 것 같아. 우리 힘이 센 동물들 이름을 힘을 많이 줘서 말해 보자. 선생님이 먼저 해 볼게. ○○이가 잘 듣고 똑같이 따라 해 줘 봐. "공룡" "코끼리" (이때 치료사는 힘을 많이 주고 말하는 모습으로 모델링을 주고, 아동이 모방산출할 수 있도록 유도한다.)

치 료 사: 그럼 이번에는 힘이 약한 동물하면 어떤 동물이 생각나?

아   동: 나비, 벌.

치 료 사: 좋았어. 나비나 잠자리, 벌은 정말 살살, 부드럽게 다니는 것 같아. (이때도 행동으로 부드럽게 날아가는 모습을 보여 주면 좋습니다.) ○○아, 우리 그럼 나비가 살살 날아가는 모습을 흉내 내 보자. (아동과 함께 실시한 후) 나비, 잠자리, 벌은 살살 날아다니니까 말을 한다면 어떻게 할까? (아동의 반응을 확인한 후) 말도 살살 할 것 같아. 우리 동물들 이름을 살살 부드럽게 말해 보자. 선생님이 먼저 해 볼게. ○○이가 잘 듣고 똑같이 따라 해 줘 봐. "나비" "잠자리" "벌" (이때 치료사는 편안한 정도로 살살 부드럽게 말하는 모습으로 모델링을 주고, 아동이 모방하도록 유도한다.)

치 료 사: ○○아 코끼리처럼 힘을 주고 말하는 게 쉬웠어. 나비처럼 살살 부드럽게 말하는 게 쉬웠어?

아   동: 나비처럼요.

치 료 사: 맞아. 선생님도 힘을 빼고 살살 부드럽게 말하는 게 훨씬 쉬웠어. 그래서 우리는 이제 말할 때 더 쉽게 말을 하기 위해서 힘주지 않고 살살 부드럽게 말하는 연습을 할 거야.

　　속도와 긴장의 개념을 알려 줄 때는 동물뿐 아니라 탈것, 일상생활 속에서 사용하는 사물 등 아동에게 친숙한 대상을 이용하여 접근하도록 합니다.

2단계: 말에서 속도와 긴장의 개념을 알고 변별산출할 수 있다.

◉ 단어 수준에서 치료사와 아동이 '빠르게 말하기와 천천히 말하기' 그리고 '세게/딱딱하게 말하기와 살살/부드럽게 말하기'를 변별하여 산출하는 연습을 합니다.

◉ 치료실에 있는 물건 이름 대기 또는 그림 보고 이름 대기 등의 과제에서 치료사가 먼저 모델링을 보여 주고, 아동은 모방산출합니다. 그 후 치료사와 아동이 교대로 변별산출하면서 여러 가지 방법으로 말하는 경험을 합니다. 이때는 느린 속도에 대한 둔감화를 위해 천천히 말하기는 1초 1~2음절 정도의 속도로 연습을 시작하며 이때 짧은 단어(2~3음절)에서 연습하는 것이 좋습니다. 그리고 살살 말하기는 단어의 첫 음절을 중점적으로 살살 시작하도록 합니다.

◉ 치료사는 다양한 게임을 활용하여 재미있게 변별산출 연습을 할 수 있습니다.
예: OX카드를 활용한 퀴즈, 토큰 모으기, 돌림판 등

◉ 변별과제를 통해 아동은 좀 더 쉽고 편안한 말하기를 선택할 수 있을 뿐만 아니라, 스스로 여러 가지 방법으로 말할 수 있다는 것을 인식하는 것이 중요합니다.

치 료 사: ○○아, 우리 지난 시간에 느린 동물/빠른 동물, 힘이 센 동물/힘이 약한 동물 이야기도 하고, 동물들이 어떻게 말하는지도 같이 이야기했지. 그래서 오늘은 선생님이랑 같이 거북이처럼 느리게 말하기, 치타처럼 빠르게 말하기 그리고 공룡처럼 힘을 세게 주고 말하기, 나비처럼 살살 그리고 부드럽게 말하기를 해 볼 거야.

치 료 사: 우리 과일 이름으로 해 보자. 선생님이 말할 때 ○○이는 선생님이 어떻게 말했는지 맞혀 봐.

→ 아동은 치료사의 말을 듣고 느리게/빠르게 또는 살살/세게 맞춘다.

→ 그 후 아동이 말하면 치료사가 맞추는 활동으로 이어나간다.

(또는 OX퀴즈로 진행해도 된다.)

3단계: 다양한 언어적 길이와 과제에서 천천히, 살살 말하기를 연습한다.

◉ 단어 수준에서부터 시작하여 언어적 길이와 복잡성을 점진적으로 증가시켜 나갑니다.

(예) 단어: 호랑이

→ 구: 무서운 호랑이

→ 문장: 숲속에 호랑이가 있어요

→ 30초 말하기

→ 1분 말하기

→ 3분 말하기

→ 대화

◉ 연습계획표를 참고하여 한 단계씩 조절 수준을 달성할 때마다 아동과 함께 확인하고 체크해 나갑니다. 이 방법은 아동에게 말조절에 대한 동기를 갖게 해줍니다.

◉ 2단계(변별산출 연습)에서는 속도의 둔감화를 위해서 1초에 1~2음절 속도로 연습을 했지만 3단계부터는 1초에 3~4음절 속도로 연습을 합니다.

◉ 읽기가 가능한 아이라면, 읽기 과제와 말하기 과제 모두 연습합니다.

◉ 문장 수준의 조절에서 기본적으로는 문장의 첫음절을 살살 시작하도록 하지만, 문장의 길이가 긴 (5어 조합 이상) 경우 또는 아동이 숨을 내쉬는 길이가 짧을 경우, 한 문장 내에서도 두 번 이상 살살 시작할 수 있습니다.

◉ 일상생활에서 대화 상황으로의 전이를 위해 구조화된 연습을 통해 다양한 문장양식(구어체, 문어체)을 조절할 수 있도록 합니다. 만화책의 경우 구어체 읽기 연습에 유용합니다.

◉ 각각의 언어적 길이에서 연속 3~4회기 100% 정반응을 보일 경우 다음 위계로 넘어갑니다. 그러나 이 기준은 치료사가 아동의 비유창성 정도, 조절 수준, 언어발달단계 등의 수행 능력을 고려하여 결정합니다.

◉ 활동은 아동의 선호도, 관심 분야 등을 반영하여 재미있게 참여할 수 있도록 합니다.

◉ 치료 초기에는 아동에게 지시하기보다는 치료사가 모델링 제공 후 아동이 모방산출할 수 있도록 합니다.

말조절 계획표

말조절 계획표 설명

워크북의 여러 활동은 말조절 계획표에 제시된 여러 가지 목표와 단계에 따라 이용할 수 있다.

1. 단계*는 아동에 따라 더 적게 줄이거나 또는 더 많이 변경해 줄 수 있다. 차츰 어려운 상황으로 올라 가는 것과 차츰 조절을 덜하는 단계로 구성할 수 있다.

2. 부천시말**: '부드럽고 천천히 시작하여 살살 다음으로 잇는 말'을 의미하며 아이에 따라 자신이 원 하는 단어로 바꿀 수 있다. 예로 거북이 말, 부드러운 말, 말미션 등이다. Easy Relaxed Approach to Smooth Movement(ERA-SM, Gregory, 2003) 와 같은 개념이다.

3. 유창성***: 다음 단계로 가기 위한 유창성 기준이며 아동의 상황에 따라 달리 할 수 있다. 새로운 상 황으로 갈 때마다 100%(유창하게 말한 음절수/전체 말하여진 음절수 × 100)로 설정한 것은 좀 더 확실한 유창성을 획득한 다음으로 가도록 안내한 것이다.

4. 각 목표에 따라 단기 목표의 예

<19단계의 예>

치료실에서 선생님과 10분 동안 대화할 때 부천시말을 사용할 수 있다(100%).

단기 목표 1. 치료실에서 선생님과 10분 대화하기에서 아동은 문장 시작마다 부천시말을 사용하여 100% 유창성을 획득할 수 있다.

단기 목표 2. 치료실에서 선생님과 10분 대화하기에서 아동은 첫 문장 시작 시 그리고 세 번째 문장 시 작마다 부천시말을 사용하여 98% 유창성을 획득할 수 있다.

단기 목표 3. 치료실에서 선생님과 10분 대화하기에서 아동은 처음 시작과 이야기 중간에서 부천시말 을 사용하여 98% 유창성을 획득할 수 있다.

단기 목표 4. 치료실에서 선생님과 10분 대화하기에서 아동은 처음 시작에서 부천시말을 사용하여 100% 유창성을 획득할 수 있다.

말조절 계획표 1: 1단계 목표의 예

이름:

단계*	목표: 다음 상황에서 부천시말**을 사용하여 유창하게 말할 수 있다.	다음 단계로 가기 위한 유창성***
1	치료실에서 선생님과 단어 말하기를 할 때 각 단어마다 **부천시말을 사용할 수 있다.**	100%
2	치료실에서 선생님들에게 인사할 때 시작할 때 **부천시말을 사용하여 말할 수 있다.**	98%
3	집에서 가족들에게 인사할 때 **부천시말을 사용하여 말할 수 있다.**	98%
4	학교/학원에서 선생님/친구에게 인사할 때 **부천시말을 사용할 수 있다.**	98%
5	치료실에서 선생님과 짧은 문장을 말할 때 문장 시작과 중요 단어에 **부천시말을 사용할 수 있다.**	100%
6	집에서 가족들과 짧은 문장을 말할 때 **부천시말을 사용할 수 있다.**	98%
7	치료실에서 선생님과 문장을 말할 때 문장 시작에 **부천시말을 사용할 수 있다.** (수수께끼 / 빙고 / 설명하기 / 질문에 대답하기)	98%
8	집에서 가족들에게 문제를 내거나 설명할 때 문장 시작과 중요 단어에 **부천시말을 사용할 수 있다.**	98%
9	집에서 가족들에게 문제를 내거나 설명할 때 문장 시작에 **부천시말을 사용할 수 있다.**	98%
10	학교/학원 친구들에게 문제를 내거나 설명할 때 **부천시말을 사용할 수 있다.**	98%
11	치료실에서 선생님에게 긴 이야기해 줄 때(1분) **부천시말을 사용할 수 있다.**	100%
12	집에서 가족들에게 긴 이야기해 줄 때(1분) **부천시말을 사용할 수 있다.**	98%
13	학교에서 친구들에게 긴 이야기해 줄 때(1분) **부천시말을 사용할 수 있다.**	98%
14	치료실에서 선생님과 5분 동안 대화할 때 **부천시말을 사용할 수 있다.**	100%
15	집에서 가족들과 5분 동안 대화할 때 **부천시말을 사용할 수 있다.**	98%
16	학교/학원 선생님/친구들과 5분 동안 대화할 때 **부천시말을 사용할 수 있다.**	98%
17	치료실에서 선생님과 10분 동안 대화할 때 **부천시말을 사용할 수 있다.**	100%
18	집에서 가족들과 10분 동안 대화할 때 **부천시말을 사용할 수 있다.**	98%
19	학교/학원 선생님/친구들과 10분 동안 대화할 때 **부천시말을 사용할 수 있다.**	98%
졸업	어디서나 하고 싶은 이야기를 할 때 **부천시말을 사용하여** 목표로 하는 유창성을 달성할 수 있다.	

말조절 계획표 2: 다양한 언어 위계에 따른 상황 예시

이름:

단계	목표: 치료실에서 부천시말을 사용하여 다음 상황에서 98% 이상의 유창성을 획득할 수 있다.		확인 날짜				
1	낱말을 읽을 때						
2	1부터 10까지 셀 때						
3	요일(월)을 말할 때						
4	낱말을 말할 때						
5	선생님에게 인사할 때						
6	선생님을 부를 때						
7	선생님의 질문에 '예/아니오'로 대답할 때						
8	치료가 끝나고 엄마를 부를 때						
9	2어절 문장이나 구를 읽을 때						
10	반복되는 어절을 포함한 2어절을 말할 때						
11	2어절 문장이나 구를 말할 때						
12	3어절 문장이나 구를 읽을 때						
13	반복되는 어절을 포함한 3어절을 말할 때						
14	3어절 문장이나 구를 말할 때						
15	4어절 문장이나 구를 읽을 때						
16	반복되는 어절을 포함한 4어절을 말할 때						
17	4어절 문장이나 구를 말할 때						
18	동시를 읽을 때						
19	하루의 일과를 순서대로 말할 때						
20	문장으로 퀴즈를 내거나 대답할 때						
21	내 방이나 집 구조를 설명할 때						
22	익숙한 곳(학교)까지 가는 길을 설명할 때						
23	자기소개할 때						
24	가족이나 친구 소개를 할 때						
25	물건을 설명할 때						
26	비슷한 점을 설명할 때						
27	차이점을 설명할 때						
28	위치를 설명할 때						
29	방법을 설명할 때						
30	읽은 책의 내용을 설명할 때						
31	영화의 줄거리를 설명할 때						
32	사건을 설명할 때						
33	선생님과 안부를 묻고 대답할 때						
34	선생님과 특정 주제에 대해 묻고 대답할 때						
35	선생님과 특정 주제에 대해 토론을 할 때						

말조절 계획표 3: 다양한 읽기 상황과 말하기 상황 예시

이름:

목표 1: 다음 상황에서 부천시말을 사용하여 98% 이상의 유창성을 획득할 수 있다.			
길이	번호	상황	확인
단어	1	시간표 읽기	
	2	목록(살 것/준비물) 읽기	
	3	출연자/출전자 이름 읽기	
	4	메뉴 읽기	
	5	전철 노선표 읽기	
	6	간판 읽기	
	7	레시피 재료 읽기	
	8	도시 이름 읽기(지도)	
	9	가격 읽기	
	10	나라 이름 읽기(지도)	
	11	홈페이지 메뉴 읽기	
구	12	날짜 읽기	
	13	아파트 동/호수 읽기	
	14	층별 안내 읽기	
	15	목차 읽기	
	16	전단지 읽기	
	17	전화번호 읽기	
	18	일기예보 읽기	
	19	책/영화/노래 제목 읽기	
	20	TV 편성표 읽기	
	21	학교 이름 읽기	
	22	학년/반/이름 읽기	
	23	티켓/영수증 읽기	
문장	24	연산식 읽기	
	25	기사 제목 읽기	
	26	속담 읽기	
	27	안내문 읽기	
	28	주소 읽기	
문단	29	레시피 읽기	
	30	동시/가사 읽기	
	31	설명서 읽기	
	32	기사/책 읽기	

목표 2: 부천시말을 사용하여 98% 이상의 유창성을 획득할 수 있다.			
길이	번호	상황	확인
단어	1	자기 이름 말하기	
	2	가족/선생님 호칭 부르기	
	3	친구 이름 부르기	
	4	안녕하세요?(인사)	
	5	고맙습니다.(인사)	
	6	'네/아니오' 대답하기	
	7	낱말로 대답하기	
	8	안녕히 계세요.(인사)	
	9	여보세요?(전화)	
	10	이름 대기	
	11	끝말잇기	
구	12	먹은 음식 말하기	
	13	입은 옷 말하기	
	14	방에 있는 물건 말하기	
	15	전화번호 말하기	
문장	16	주소 말하기	
	17	물건 요구하기	
	18	음식 주문하기	
	19	비슷한 점 말하기	
	20	다른 점 말하기	
	21	일과 말하기	
	22	문장으로 퀴즈 내기	
담화	23	안부 묻고 대답하기	
	24	방이나 집 구조 설명하기	
	25	가는 길 설명하기	
	26	사용 방법 설명하기	
	27	소개하기(사람/물건/장소)	
	28	책 내용 설명하기	
	29	영화 줄거리 설명하기	
	30	사건 설명하기	
	31	인터뷰하기	
	32	토론하기	

이 스크립트는 워크북으로 활용할 수 있는 실례를 제시하고 있습니다. 단어 수준, 구 수준, 문장 수준에 이르기까지 점차적으로 언어적인 길이를 늘여 가며 유창성 조절을 연습할 수 있는 스크립트입니다. 현장에서는 아동의 연령, 언어 수준 등 상황을 고려해 여러 가지 활동으로 연습할 수 있습니다.

목표

1. 다양한 과제의 **단어 수준**에서 **연속 3~4회기** 100% 정반응 수행하기
2. 다양한 과제의 **구 수준**에서 **연속 4~5회기** 100% 정반응 수행하기
3. 다양한 과제의 **문장 수준**에서 **연속 5회기 이상** 100% 정반응 수행하기

방법

○ 우선 다양한 과제(예: 보드게임)를 활용하여 **단어 수준**에서 유창성 조절 연습을 합니다.
○ 연속 3~4회기에서 100% 정반응 수행 시 언어적 길이를 늘여 **구 수준**에서 연습합니다. 이때, 단어 수준의 목표를 이미 달성했지만 구 수준 연습 전 단어 수준 연습을 5분 정도 워밍업으로 추가합니다.
○ 구 수준 연습 초반에는 주로 동일한 어절이 반복되는 운반구(예: 맛있는 사과, 맛있는 딸기, 전화기 있어요, 냉장고 있어요)를 활용합니다.
○ 연속 3~4회기에서 100% 정반응 수행 시 언어적 길이를 늘여 **문장 수준**으로 연습합니다. 역시 구 수준의 조절 목표를 이미 달성했지만, 문장 수준 연습 전 단어 수준과 구 수준 연습을 5분씩 워밍업으로 추가합니다.
○ 문장 수준 연습 초반에는 주로 동일한 문장 형식이 반복되는 3-4어 조합의 **짧은 문장**(예: 부엌에 냉장고 있어요, 부엌에 식탁 있어요)으로 연습합니다.
○ 짧은 문장 수준에서 **연속 5회기 이상** 100% 정반응 수행 시 긴 문장 수준으로 넘어갑니다.

봄-1 생각그물 스크립트

A. 단어 수준

'봄' 하면 생각나는 것들을 단어로 말해 보자. 봄에 볼 수 있는 것, 봄에 먹는 과일이나 음식, 봄에 있는 특별한 날 등 여러 가지를 떠올려 봐. 봄과 관련된 모든 걸 말할 수 있어. 그런데 단어를 말할 때 천천히, 첫음절을 살살 말하는 거야. 선생님 먼저 해 볼게.

1. 브레인스토밍 활용하기

생각그물 활동에는 각 주제와 어울리는 12개의 그림 칸이 있습니다. 치료사는 이 그림 칸에 봄 낱말을 하나씩 적습니다. 만약 아동이 글자를 쓸 수 있다면 아동과 치료사가 번갈아 쓰도록 합니다.

느린 동작은 천천히 말하는 데 큰 도움이 됩니다. 따라서 천천히 글씨를 쓰면서 그 속도에 맞추어 말하면 느리게 말하기가 좀 더 수월해집니다.

치 료 사: 봄비.
아   동: 개나리.
치 료 사: 황사.
아   동: 어린이날.

좀 더 느리고 부드럽게: 첫음절(봄, 개, 황, 어)

B. 운반구 수준

'봄' 하면 생각나는 것들을 구로 말해 보자. 봄과 관련된 모든 걸 말할 수 있어. 그리고 구로 말할 때 천천히, 첫음절을 살살 말하는 거야. 선생님 먼저 해 볼게.

1. '봄 하면 ～' 활용하기

'봄 하면' 이외에도 '봄에는' '봄이면' 등 다양한 운반구를 활용하여 구 수준으로 연습할 수 있습니다.

치 료 사: 봄 하면 봄비.

아　　동: 봄 하면 개나리.

치 료 사: 봄 하면 황사.

아　　동: 봄 하면 어린이날.

좀 더 느리고 부드럽게: '첫음절(봄)'

2. 수식어 추가하기

봄 낱말 앞에 적절한 수식어를 붙여 구 수준으로 연습할 수 있습니다.

치 료 사: 부슬부슬 봄비.

아　　동: 노란 개나리.

치 료 사: 건강에 나쁜 황사.

아　　동: 즐거운 어린이날.

좀 더 느리고 부드럽게: 첫음절(부, 노, 건, 즐)

3. 서술어 추가하기

봄 낱말 뒤에 적절한 서술어를 붙여 구 수준으로 연습할 수 있습니다.

치 료 사: 봄비가 내려요.

아　　동: 개구리가 울어요.

치 료 사: 황사는 싫어요.

아　　동: 어린이날이 기대돼요.

좀 더 느리고 부드럽게: 첫음절(봄, 개, 황, 어)

C. 문장 수준

지시문

'봄' 하면 생각나는 것들을 짧은 문장으로 말해 보자. 봄에 볼 수 있는 것, 봄과 관련된 모든 걸 말할 수 있어. 그런데 짧은 문장으로 말할 때 천천히, 첫음절을 살살 말하는 거야. 선생님 먼저 해 볼게.

1. 같은 문장구조 활용하기

반복되는 문장구조를 활용하면 언어적 부담을 줄일 수 있어서 유창성 조절 연습이 좀 더 쉽습니다.
이외에도 '봄이 되면 ~해요' '이번 봄에는 ~해요' 등 다양한 문장구조로 연습할 수 있습니다.

치 료 사: 봄 하면 봄비가 생각나요.
아   동: 봄 하면 개나리가 생각나요.
치 료 사: 봄 하면 황사가 생각나요.
아   동: 봄 하면 어린이날이 생각나요.

좀 더 느리고 부드럽게: 첫음절(봄)

2. 새로운 문장 만들기

생각그물 그림(튤립) 칸을 모두 채운 다음 그 낱말들을 활용한 문장을 만들어 연습할 수 있습니다.
문장의 내용은 봄과 관련된 배경지식이나 직접 경험한 모든 것이 가능합니다.

치 료 사: 봄에는 부슬부슬 봄비가 내려요.
아   동: 봄에는 산과 들에 노란 개나리꽃이 피어요.
치 료 사: 봄에는 황사 때문에 마스크를 써야 해요.
아   동: 봄에는 어린이날이 있어서 좋아요.

좀 더 느리고 부드럽게: 첫음절(봄)

봄-2 글자 숨바꼭질 스크립트

A. 단어 수준

지시문

여기 작은 네모 칸에 있는 글자들은 원래 봄 낱말이었어. 그런데 한 글자씩 떨어져 있어서 무슨 뜻인지 알 수가 없네.
봄과 관련된 뜻이 되도록 낱말을 만들어 줄 거야. 그런데 먼저 한 글자씩 천천히, 살살 읽어 보자. 선생님이 시작해 볼게.

1. 글자 읽기

치료사와 아동이 동시에 또는 번갈아 한 글자씩 느리고 부드럽게 읽습니다.

느린 동작은 천천히 말하는 데 큰 도움이 됩니다. 따라서 한 글자씩 동그라미를 그리면서 말합니다. 이때 동그라미가 그려지는 시간만큼(1초 미만) 해당 음절을 지속하면 느리게 말하기가 좀 더 수월해 집니다.

치 료 사: 진.
아　　동: 이.
치 료 사: 딸.
아　　동: 개.

좀 더 느리고 부드럽게: 첫음절(진, 이, 딸, 개)

지시문

이번에는 이 글자들을 연결해서 봄과 관련된 낱말들을 만들어 보자. 모든 글자는 한 번씩만 사용될 수 있다는 걸 기억해. 물론 같은 글자가 있을 수도 있어. 그리고 낱말로 말할 때는 천천히, 첫음절을 살살 말하는 거야. 선생님이 먼저 하나 해 볼게.

2. 찾은 낱말 말하기

치 료 사: 노랑.
아　　동: 딸기.
치 료 사: 진달래.
아　　동: 나비.

좀 더 느리고 부드럽게: 첫음절(노, 딸, 진, 나)

B. 운반구 수준

지시문

이 글자들로 봄과 관련된 낱말들을 찾아서 구로 말해 보자. 그런데 구로 말할 때, 천천히, 첫음절을 살살 말하는 거야. 선생님이 먼저 하나 해 볼게.

1. '~와/과 ~' 활용하기

치 료 사: '노'와 '랑'.
아　　동: '딸'과 '기'.
치 료 사: '진'과 '달'과 '래'.
아　　동: '나'와 '비'.

좀 더 느리고 부드럽게: 첫음절(노, 딸, 진, 나)

2. '~ 더하기 ~' 활용하기

치 료 사: '노' 더하기 '랑'.
아　　동: '딸' 더하기 '기'.
치 료 사: '진' 더하기 '달' 더하기 '래'.
아　　동: '나' 더하기 '비'.

좀 더 느리고 부드럽게: 첫음절(노, 딸, 진, 나)

3. 수식어 추가하기 1

봄 낱말 앞에 적절한 수식어를 붙여 구 수준으로 연습할 수 있습니다.

치 료 사: 노랑 병아리.
아　　동: 맛있는 딸기.
치 료 사: 분홍 진달래.
아　　동: 배추흰나비.

좀 더 느리고 부드럽게: 첫음절(노, 맛, 분, 배)

4. 수식어 추가하기 2

봄 낱말 앞에 적절한 의성 의태어를 붙여 구 수준으로 연습할 수 있습니다.

치 료 사: 삐악삐악 병아리.
아　　동: 새콤달콤 딸기.
치 료 사: 골목골목 진달래.
아　　동: 팔랑팔랑 나비.

좀 더 느리고 부드럽게: 첫음절(삐, 새, 골, 팔)

5. 서술어 추가하기

봄 낱말 뒤에 적절한 서술어를 붙여 구 수준으로 연습할 수 있습니다.

치 료 사 : 병아리는 귀여워.
아　　동 : 딸기는 맛있어요.
치 료 사 : 진달래가 활짝 피었어요.
아　　동 : 나비가 날아다녀요.

좀 더 느리고 부드럽게: 첫음절(병, 딸, 진, 나)

C. 문장 수준

지시문

이번에는 이 글자들을 연결해서 봄과 관련된 낱말들을 찾은 다음, 짧은 문장으로 말해 보자. 그런데 말할 때, 천천히, 첫음절을 살살 말하는 거야. 선생님 먼저 하나 해 볼게.

1. 같은 문장구조 활용하기

치 료 사 : '노'와 '랑'이 만나서 노랑(이 되고).
아　　동 : '딸'이랑 '기'가 만나서 딸기(가 되고).
치 료 사 : '진'과 '달'과 '래'가 만나서 진달래(가 되고).
아　　동 : '나'랑 '비'가 만나서 나비(가 되고).

좀 더 느리고 부드럽게: 첫음절(노, 딸, 진, 나)

2. 새로운 문장 만들기

봄 낱말들을 활용한 문장을 만들어 연습할 수 있습니다. 문장의 내용은 봄과 관련된 배경지식이나 직접 경험한 모든 것이 가능합니다.

치 료 사 : 옛날에 노랑 병아리를 키운 적이 있어요.
아　　동 : 엄마랑 오늘 마트에서 딸기를 샀어요.
치 료 사 : 집 앞 산책 길에 진달래가 한창이야.
아　　동 : 오늘 학교에서 배추흰나비에 대해서 배웠어요.

좀 더 느리고 부드럽게: 첫음절(옛, 엄, 집, 오)

봄-3 뒤죽박죽 스크립트

A. 단어 수준

지시문

여기 있는 낱말들이 무슨 뜻인지 한번 보자. 어? 이상하다. 아무리 봐도 무슨 뜻인지 알 수가 없네. 사실은 이 낱말들은 글자가 뒤죽박죽 섞여 있어서 무슨 뜻인지 알 수가 없는 거야. 먼저 뒤죽박죽 글자들을 천천히, 첫음절을 살살 읽어 보자.

1. 글자 읽기

치료사와 아동이 동시에 또는 번갈아 한 낱말씩 느리고 부드럽게 읽어 봅니다.

치 료 사: 비나.
아　　동: 비봄.
치 료 사: 사황.
아　　동: 기딸.

좀 더 느리고 부드럽게: 첫음절(비, 비, 사, 기)

지시문

이번엔 뒤죽박죽 섞인 글자들을 봄과 관련된 뜻이 되도록 낱말을 만들어 보는 거야. 그런데 말할 때, 천천히, 첫음절을 살살 말하는 거야. 선생님 먼저 하나 해 볼게.

2. 정답 낱말 말하기

한 낱말씩 동그라미 치며 말합니다. 동그라미를 그리는 시간 동안 좀 더 느리게 말할 수 있습니다.

치 료 사: 나비.
아　　동: 봄비.
치 료 사: 황사.
아　　동: 딸기.

좀 더 느리고 부드럽게: 첫음절(나, 봄, 황, 딸)

B. 운반구 수준

지시문

이번엔 뒤죽박죽 섞인 글자들을 봄과 관련된 뜻이 되도록 낱말을 만들어서 구로 말해 보자. 그런데 말할 때, 천천히, 첫음절을 살살 말하는 거야. 선생님 먼저 하나 해 볼게.

1. '~은/는 ~' 활용하기

치 료 사: '비나'는 '나비'.
아　　동: '비봄'은 '봄비'.
치 료 사: '사황'은 '황사'.
아　　동: '기딸'은 '딸기'.

좀 더 느리고 부드럽게: 첫음절(비, 비, 사, 기)

2. '~은/는 원래 ~' 활용하기

치 료 사: '비나'는 원래 '나비'.
아　　동: '비봄'은 원래 '봄비'.
치 료 사: '사황'은 원래 '황사'.
아　　동: '기딸'은 원래 '딸기'.

좀 더 느리고 부드럽게: 첫음절(비, 비, 사, 기)

3. '~을/를 바꾸면 ~' 활용하기

치 료 사: '비나'를 바꾸면/돌리면 '나비'.
아　　동: '비봄'을 바꾸면/돌리면 '봄비'.
치 료 사: '사황'을 바꾸면/돌리면 '황사'.
아　　동: '기딸'을 바꾸면/돌리면 '딸기'.

좀 더 느리고 부드럽게: 첫음절(비, 비, 사, 기)

C. 문장 수준

지시문

이번엔 뒤죽박죽 섞인 글자들을 봄과 관련된 뜻이 되도록 낱말을 만들어서 짧은 문장으로 말해 보자. 그런데 말할 때, 천천히, 첫음절을 살살 말하는 거야. 선생님 먼저 해 볼게.

1. 새로운 문장 만들기

봄 낱말들로 봄과 관련된 배경지식이나 직접 경험을 문장으로 만들어 연습할 수 있습니다.

치 료 사: 번데기가 드디어 나비가 되었어요.

아　　동: 봄에는 봄비가 자주 내려요.

치 료 사: 황사 바람이 불면 눈이 가려워요.

아　　동: 나는 과일 중에 딸기를 가장 좋아해요.

좀 더 느리고 부드럽게: 첫음절(번, 봄, 황, 나)

봄-4 연상퀴즈 스크립트

A. 단어 수준

지시문

네모 칸 속 낱말들을 하나씩 읽은 다음 연상되는 봄 낱말을 말해 보자. 그런데 읽거나 말할 때, 천천히, 첫음절을 살살 말하는 거야. 선생님 먼저 해 볼게.

1. 단어 읽기와 정답 말하기

치료사와 아동이 동시에 또는 번갈아 한 낱말씩 느리고 부드럽게 읽습니다.

제시 낱말의 빈칸 동그라미는 동그라미 수만큼 '땡'으로 말합니다.

치 료 사: 동물

아　　동: 폴짝

치 료 사: 올챙이

아　　동: 청땡땡땡

치 료 사: 머릿속에 떠오르는 봄 낱말은?

아　　동: 개구리

좀 더 느리고 부드럽게: 첫음절(예: 동, 폴, 올, 청, 머, 개)

B. 운반구 수준

지시문

봄과 관련된 네모 칸 속 낱말들을 구로 말해 보자. 그런데 말할 때, 천천히, 첫음절을 살살 말하는 거야. 선생님 먼저 하나 해 볼게.

1. 낱말 글자 수 추가하기

제시 단어의 글자 수를 활용하여 운반구를 만들어 연습할 수 있습니다.

치 료 사: 두 글자 '동물'.

아　　동: 두 글자 '폴짝'.

치 료 사: 세 글자 '올챙이'.

아　　동: 네 글자 '청땡땡땡'.

치 료 사: 머릿속에 떠오르는 봄 낱말은?

아　　동: 정답은 개구리.

좀 더 느리고 부드럽게: 첫음절(예: 두, 두, 세, 네, 머, 정)

C. 문장 수준

지시문

봄과 관련된 네모 칸 속 낱말들을 이용해서 문장으로 말해 보자. 그런데 말할 때, 천천히, 첫음절을 살살 말하는 거야. 선생님 먼저 하나 해 볼게.

1. 제시 낱말 활용하기

먼저 제시 낱말을 눈으로 보면서 연상되는 낱말을 떠올려 봅니다. 예상되는 정답이 있다면 제시 낱말을 읽고 바로 정답을 말하면서 문장으로 연습할 수 있습니다.

치 료 사: 동물, 폴짝, 올챙이, 청땡땡땡은 개구리.
아   동: 곤충, 훨훨, 노랑땡땡, 흰땡땡은 나비.
치 료 사: 학교, 김밥, 보물찾기, 봄땡땡은 소풍.
아   동: 과일, 빨간색, 땡땡우유, 땡땡쨈은 딸기.

좀 더 느리고 부드럽게: 첫음절(동, 곤, 학, 과)

2. 낱말 글자 수 활용하기

제시 단어의 글자 수를 활용하여 언어적 길이를 늘여 가며 연습할 수 있습니다.

치 료 사: 두 글자 동물, 두 글자 폴짝, 세 글자 올챙이, 네 글자 청땡땡땡은 개구리.
아   동: 두 글자 곤충, 두 글자 훨훨, 네 글자 노랑땡땡, 세 글자 흰땡땡은 나비.
치 료 사: 두 글자 학교, 두 글자 김밥, 네 글자 보물찾기, 세 글자 봄땡땡은 소풍.
아   동: 두 글자 과일, 세 글자 빨간색, 네 글자 땡땡우유, 세 글자 땡땡쨈은 딸기.

좀 더 느리고 부드럽게: 첫음절(두)

3. 퀴즈 내기

치료사와 아동이 번갈아 퀴즈를 낼 수 있습니다. 이때 제시 단어를 힌트로 활용할 수 있습니다.

치 료 사: 이것은 동물이에요.
       이것은 폴짝폴짝 뛰어다녀요.
       이것의 애벌레는 올챙이예요.
       이것은 무엇일까요?

좀 더 느리고 부드럽게: 첫음절(이)

4. 정답 활용하기

정답을 찾은 뒤 제시 단어를 활용하여 문장을 만들어 연습할 수 있습니다.

치 료 사: 개구리는 동물이에요.

개구리는 폴짝폴짝 뛰어다녀요.

올챙이가 크면 개구리가 되는 거예요.

엄마 말을 안 듣는 청개구리도 있어요.

좀 더 느리고 부드럽게: 첫음절(개, 개, 올, 엄)

봄-5 이 빠진 낱말 스크립트

A. 단어 수준

지시문

이 글자들은 빠진 부분이 있어. 빠진 부분을 찾아서 원래의 봄 낱말을 완성해 보자. 그런데 말할 때, 천천히, 첫음절을 살살 말하는 거야. 선생님 먼저 시작할게.

1. 정답 말하기

치 료 사: 나비.

아　　동: 새싹.

치 료 사: 소풍.

아　　동: 딸기.

좀 더 느리고 부드럽게: 첫음절(나, 새, 소, 딸)

B. 운반구 수준

지시문

글자에 빠진 부분을 찾아 원래의 봄 낱말을 완성한 다음, 구로 말해 보자. 그런데 말할 때, 천천히, 첫음절을 살살 말하는 거야. 선생님 먼저 해 볼게.

1. 낱말 순서 추가하기

치 료 사: 1번 (자리에) 나비.
아　　동: 2번 (자리에) 새싹.
치 료 사: 3번 (자리에) 소풍.
아　　동: 4번 (자리에) 딸기.

좀 더 느리고 부드럽게: 첫음절(일, 이, 삼, 사)

2. 낱말 위치 활용하기

치 료 사: 맨 처음 나비.
아　　동: 나비 옆에 있는 새싹.
치 료 사: 새싹 옆에 있는 소풍.
아　　동: 나비 밑에 있는 딸기.

좀 더 느리고 부드럽게: 첫음절(맨, 나, 새, 나)

3. 수식어 추가하기

치 료 사: 노란 나비.
아　　동: 초록색 새싹.
치 료 사: 즐거운 소풍.
아　　동: 맛있는 딸기.

좀 더 느리고 부드럽게: 첫음절(노, 초, 즐, 맛)

4. 서술어 추가하기

해당 봄 낱말 뒤에 어울리는 서술어를 연결해 연습할 수 있습니다.

치 료 사: 나비가 날아다니고.
아　　동: 새싹이 피어나고.
치 료 사: 소풍을 가고.
아　　동: 딸기를 먹고.

좀 더 느리고 부드럽게: 첫음절(나, 새, 소, 딸)

봄-6 낱말 숨바꼭질 스크립트

A. 단어 수준

지시문

네모 속에 가로, 세로, 대각선으로 봄 낱말들이 꼭꼭 숨어 있어. 어떤 낱말들이 숨어 있는지 찾아보자. 누가 더 많이 찾을 수 있을까? 그런데 찾은 낱말을 말할 때는 천천히, 첫음절을 살살 말하는 거야. 선생님이 먼저 찾아볼게.

1. 찾은 낱말 말하기

찾은 낱말을 천천히 긴 동그라미로 묶거나 해당 네모 칸을 색연필로 칠하면서 연습할 수 있습니다.

치 료 사: 봄나물.
아　　동: 연두색.
치 료 사: 벚꽃.
아　　동: 새싹.

좀 더 느리고 부드럽게: 첫음절(봄, 연, 벚, 새)

B. 운반구 수준

지시문

네모 속에 숨어 있는 봄 낱말을 찾아 구로 말해 보자. 그런데 말할 때 천천히, 첫음절을 살살 말하는 거야. 선생님 먼저 시작할게.

1. '나는 ~' 활용하기

치 료 사: 나는 봄나물.
아　　동: 나는 연두색.
치 료 사: 나는 벚꽃.
아　　동: 나는 새싹.

좀 더 느리고 부드럽게: 첫음절(나)

2. '여기 ~' 활용하기

치 료 사: 여기 봄나물.
아   동: 여기 연두색.
치 료 사: 여기 벚꽃.
아   동: 여기 새싹.

좀 더 느리고 부드럽게: 첫음절(여)

3. '~ 내 땅' 활용하기

치 료 사: 봄나물 내 땅.
아   동: 연두색 내 땅.
치 료 사: 벚꽃 내 땅.
아   동: 새싹 내 땅.

좀 더 느리고 부드럽게: 첫음절(봄, 연, 벚, 새)

4. '~ 찾았다' 활용하기

치 료 사: 봄나물 찾았다.
아   동: 연두색 찾았다.
치 료 사: 벚꽃 찾았다.
아   동: 새싹 찾았다.

좀 더 느리고 부드럽게: 첫음절(봄, 연, 벚, 새)

5. 모양 이름 활용하기

가로로 첫 번째 줄과 마지막 줄까지 칸마다 우산, 네모 하트, 전화 등 10개의 모양이 제시되어 있습니다. 찾은 낱말의 첫음절에 해당하는 모양 이름을 운반구로 활용하여 연습할 수 있습니다.

치 료 사: 하트에 봄나물.
아   동: 전화에 연두색.
치 료 사: 손에 벚꽃.
아   동: 우산에 새싹.

좀 더 느리고 부드럽게: 첫음절(하, 전, 손, 우)

6. 번호 활용하기

세로로 첫 번째 줄과 마지막 줄까지 1번부터 9번까지 번호가 제시되어 있습니다. 찾은 낱말의 첫음절에 해당하는 번호를 운반구로 활용하여 연습할 수 있습니다.

치 료 사: 1번에 봄나물.
아   동: 5번에 연두색.
치 료 사: 5번에 벚꽃.
아   동: 7번에 새싹.

좀 더 느리고 부드럽게: 첫음절(일, 오, 오, 칠)

C. 문장 수준

지시문

이번에는 네모 속에 숨어 있는 봄 낱말을 찾아 문장으로 말해 보자. 그런데 말할 때 천천히, 첫음절을 살살 말하는 거야. 선생님 먼저 시작할게.

1. 같은 문장구조 활용하기 1

찾은 낱말의 첫음절에 해당하는 모양과 번호를 활용하여 문장으로 말하면서 연습할 수 있습니다. '찾았어' 이외에도 '보인다' '발견했어!' '색칠해' 등 다양한 서술어를 활용해 봅니다.

찾은 낱말 칸을 자기가 좋아하는 색상 색연필로 칠하며 색이름을 추가해도 좋습니다. 예를 들어, 초록색으로 칠하면, '하트, 1번에 봄나물 초록색 (칠해).'라고 말할 수 있습니다.

치 료 사: 하트, 1번에 봄나물 찾았어.
아   동: 전화, 5번에 연두색 찾았어.
치 료 사: 손, 5번에 벚꽃 찾았어.
아   동: 우산, 7번에 새싹 찾았어.

좀 더 느리고 부드럽게: 첫음절(하, 전, 손, 우)

2. 같은 문장구조 활용하기 2

땅따먹기 게임을 활용하면 연습에 큰 재미를 더할 수 있습니다. 찾은 낱말 칸을 자기가 좋아하는 색상 색연필로 색칠하며 자기 땅으로 표시합니다. 낱말을 모두 찾은 후 각자의 색깔로 칠해진 칸 수를 계산합니다. 더 많은 땅을 모은 사람이 이깁니다.

> 치 료 사: 하트 모양, 1번에 있는 봄나물은 내 땅.
> 아　　동: 전화 모양, 5번에 있는 연두색은 내 땅.
> 치 료 사: 손 모양, 5번에 있는 벚꽃은 내 땅.
> 아　　동: 우산 모양, 7번에 있는 새싹은 내 땅.

좀 더 느리고 부드럽게: 첫음절(하, 전, 손, 우)

3. 새로운 문장 만들기

찾은 낱말들을 활용해서 새로운 문장을 만들어 연습할 수 있습니다. 문장의 내용은 봄과 관련된 배경지식이나 직접 경험한 모든 것이 가능합니다.

> 치 료 사: 냉이, 달래와 같은 봄나물은 너무 맛있어.
> 아　　동: 봄에는 산과 들이 온통 연두색이에요.
> 치 료 사: 올해는 벚꽃 구경을 꼭 갈 거야.
> 아　　동: 나무에 새싹들이 피었어요.

좀 더 느리고 부드럽게: 첫음절(냉, 봄, 올, 나)

봄-7 빙고게임 스크립트

A. 단어 수준

지시문

> 이번엔 빙고게임! 각자 빙고판을 고르고, 자기 빙고판에 있는 낱말을 하나씩 말하면서 지워 나가면 돼. 가로, 세로, 대각선 중에서 먼저 한 줄을 지워야 이기는 거다. 그런데 말할 때는 천천히, 첫음절을 살살 말하는 거야. 시작해 보자.

1. 지우는 낱말 말하기

아 동: 나비.

치 료 사: 개나리.

아 동: 개구리.

치 료 사: 봄바람.

아 동: 봄비. 빙고!

좀 더 느리고 부드럽게: 첫음절(나, 개, 개, 봄, 봄, 빙)

B. 운반구 수준

지시문

이번엔 빙고게임! 각자 빙고판에 있는 낱말을 지우면서 구로 말해 보자. 그런데 말할 때, 천천히, 첫음절을 살살 말하는
거야. 시작해 보자.

1. '〜 엑스(X)' 활용하기

아 동: 나비 엑스(X).

치 료 사: 개나리 엑스(X).

아 동: 개구리 엑스(X).

치 료 사: 봄바람 엑스(X).

아 동: 봄비 엑스(X). 빙고!

좀 더 느리고 부드럽게: 첫음절(나, 개, 개, 봄, 봄, 빙)

2. '〜 지워요' 활용하기

아 동: 나비 지워요.

치 료 사: 개나리 지워요.

아 동: 개구리 지워요.

치 료 사: 봄바람 지워요.

아 동: 봄비 지워요. 빙고!

좀 더 느리고 부드럽게: 첫음절(나, 개, 개, 봄, 봄, 빙)

3. '~ 잘 가' 활용하기

아　　동: 나비 잘 가.

치 료 사: 개나리 잘 가.

아　　동: 개구리 잘 가.

치 료 사: 봄바람 잘 가.

아　　동: 봄비 잘 가. 빙고!

좀 더 느리고 부드럽게: 첫음절(나, 개, 개, 봄, 봄, 빙)

4. '~을/를 집으로' 활용하기

'집으로' 대신 '우주로' '밖으로' 등 다양한 장소 부사어를 활용하여 연습할 수 있습니다.

아　　동: 나비를 집으로.

치 료 사: 개나리를 집으로.

아　　동: 개구리를 집으로.

치 료 사: 봄바람을 집으로.

아　　동: 봄비를 집으로. 빙고!

좀 더 느리고 부드럽게: 첫음절(나, 개, 개, 봄, 봄, 빙)

C. 문장 수준

지시문

이번엔 빙고게임! 각자 빙고판에 있는 낱말을 지우면서 문장으로 말해 보자. 그런데 말할 때, 천천히, 첫음절을 살살 말하는 거야. 시작해 보자.

1. 같은 문장구조 활용하기 1

아　　동: 선생님! 나비 지우세요.

치 료 사: 네, 나비 지울게요. 그다음 개나리 지우세요.

아　　동: 네, 개나리 지울게요. 그다음 개구리 지우세요.

치 료 사: 네, 개구리 지울게요. 그다음 봄바람 지우세요.

아　　동: 네, 봄바람 지울게요. 그다음 봄비 지우세요. 빙고!

좀 더 느리고 부드럽게: 첫음절(선, 네, 그, 빙)

2. 같은 문장구조 활용하기 2

아　　동: 선생님! 나비를 집으로 보내세요.
치 료 사: 네, 나비는 집으로 보낼게요. 그다음 개나리를 집으로 보내세요.
아　　동: 네, 개나리는 집으로 보낼게요. 그다음 개구리를 집으로 보내세요.
치 료 사: 네, 개구리는 집으로 보낼게요. 그다음 봄바람을 집으로 보내세요.
아　　동: 네, 봄바람은 집으로 보낼게요. 그다음 봄비를 집으로 보내세요. 빙고!

좀 더 느리고 부드럽게: (선, 네, 그, 빙)

봄-8 한글행맨 스크립트

A. 단어 수준

지시문

이번엔 낱말 맞추기! 문제를 내는 사람은 종이에 정답을 적고 상대방이 볼 수 없게 종이를 뒤집어. 그다음 맞추는 사람이 특정 자음을 말하면 문제를 내는 사람은 정답에 그 자음이 있는지 없는지 알려 줘야 해. 틀릴 때마다 이모티콘을 하나씩 지워 나가는데, 마지막에 이모티콘을 더 많이 지킨 사람이 이겨. 누가 더 많은 이모티콘을 모을 수 있을까? 낱말을 말할 때는 천천히, 첫음절을 살살 말하는 거야. 처음엔 선생님이 맞춰 볼게.

1. 자음 말하기 1

치 료 사: 기역(ㄱ).
아　　동: 없어요.
치 료 사: 니은(ㄴ).
아　　동: 있어요.
치 료 사: 비읍(ㅂ).

아　　동: 있어요.

치 료 사: 나비.

아　　동: 정답!

좀 더 느리고 부드럽게: 첫음절(기, 없, 니, 있, 비, 있, 나, 정)

2. 자음 말하기 2

치 료 사: 기역(ㄱ)?

아　　동: 땡!

치 료 사: 니은(ㄴ)?

아　　동: 딩동댕!

치 료 사: 비읍(ㅂ)?

아　　동: 딩동댕!

치 료 사: 나비?

아　　동: 딩동댕!

좀 더 느리고 부드럽게: 첫음절(기, 땡, 니, 딩, 비, 딩, 나, 딩)

B. 운반구 수준

지시문

이번엔 문제를 내는 사람이 구로 물어보면, 대답을 하는 사람 역시 구로 말해 줘야 해. 말할 때는 천천히, 첫음절을 살살 말하는 거야. 선생님이 먼저 맞춰 볼게.

1. '~ 있어요/없어요' 활용하기

치 료 사: 기역(ㄱ) 있어요?

아　　동: 기역(ㄱ) 없어요.

치 료 사: 니은(ㄴ) 있어요?

아　　동: 니은(ㄴ) 있어요.

치 료 사: 비읍(ㅂ) 있어요?.

아　　동: 비읍(ㅂ) 있어요.

치 료 사: 나비 맞아요?

아　　동: 나비 맞아요!

좀 더 느리고 부드럽게: 첫음절(기, 니, 비, 나)

2. '～ 들어가요' 활용하기

치 료 사: 기역(ㄱ) 들어가요?
아　　동: 기역(ㄱ) 안 들어가요.
치 료 사: 니은(ㄴ) 들어가요?
아　　동: 니은(ㄴ) 들어가요.
치 료 사: 비읍(ㅂ) 들어가요?
아　　동: 비읍(ㅂ) 늘어가요.
치 료 사: 나비 맞아요?
아　　동: 나비 맞아요!

좀 더 느리고 부드럽게: 첫음절(기, 니, 비, 나)

C. 문장 수준

지시문

이번엔 문제를 내는 사람이 문장으로 물어 보면, 대답을 하는 사람 역시 문장으로 말해 줘야 해. 말할 때는 천천히, 첫음절을 살살 말하는 거야. 선생님이 먼저 맞춰 볼게.

1. 같은 문장구조 활용하기

치 료 사: 혹시 그 낱말에 기역(ㄱ)이 들어가나요?
아　　동: 아니오. 이 낱말에는 기역(ㄱ)이 없어요.
치 료 사: 혹시 그 낱말에 니은(ㄴ)이 들어가나요?
아　　동: 네. 이 낱말에 니은(ㄴ)이 있어요.
치 료 사: 혹시 그 낱말에 비읍(ㅂ)이 들어가나요?
아　　동: 네. 이 낱말에 비읍(ㅂ)이 들어가요.
치 료 사: 혹시 그 낱말이 나비가 맞나요?
아　　동: 네. 정답은 나비입니다.

좀 더 느리고 부드럽게: 첫음절(혹, 아, 네)

봄-9 암호퍼즐 스크립트

A. 단어 수준

지시문

여기 그림들이 있는데 무슨 뜻인지 알 수 없네. 같이 암호를 풀어 보는 거야. 먼저 그림을 단어로 말해 보자. 말할 때는 천천히, 첫음절을 살살 말하는 거야. 선생님 먼저 할게.

1. 암호그림 이름 말하기

치료사와 아동이 동시에 또는 번갈아 한 그림씩 느리게, 살살 이름을 말해 봅니다.

치 료 사: ⏱ 시계.
아　　동: 🐋 고래.
치 료 사: 🍇 포도.
아　　동: ⚽ 축구공.
치 료 사: 🗝 열쇠.

좀 더 느리고 부드럽게: 첫음절(시, 고, 포, 축, 열)

B. 운반구 수준

지시문

여기 그림들이 있는데 무슨 뜻인지 알 수 없네. 같이 암호를 풀어 보는 거야. 먼저 그림을 구로 말해 보자. 말할 때는 천천히, 첫음절을 살살 말하는 거야. 선생님 먼저 할게.

1. 그림 순서 활용하기

치 료 사: 먼저 시계.
아　　동: 시계 다음 고래.
치 료 사: 고래 다음 포도.
아　　동: 포도 다음 축구공.
치 료 사: 축구공 다음 열쇠.

좀 더 느리고 부드럽게: 첫음절(먼, 시, 고, 포, 축)

2. 한글 자음 활용하기

> 치 료 사: 시계는 시옷(ㅅ).
>
> 아　　　동: 고래는 오(ㄴ).
>
> 치 료 사: 포도는 피읖(ㅍ).
>
> 아　　　동: 축구공은 우(ㅜ).
>
> 치 료 사: 열쇠는 이응(ㅇ).

좀 더 느리고 부드럽게: 첫음절(시, 고, 포, 축, 열)

3. '~ 대신 ~으로' 활용하기

> 치 료 사: 시계 대신 시옷(ㅅ)으로.
>
> 아　　　동: 고래 대신 오(ㄴ)로.
>
> 치 료 사: 포도 대신 피읖(ㅍ)으로.
>
> 아　　　동: 축구공 대신 우(ㅜ)로.
>
> 치 료 사: 열쇠 대신 이응(ㅇ)으로.

좀 더 느리고 부드럽게: 첫음절(시, 고, 포, 축, 열)

C. 문장 수준

지시문

> 여기 그림들이 있는데 무슨 뜻인지 알 수 없네. 같이 암호를 풀어 보는 거야. 먼저 그림을 문장으로 말해 보자. 말할 때는 천천히, 첫음절을 살살 말하는 거야. 선생님 먼저 할게.

1. 같은 문장구조 활용하기 1

> 치 료 사: 시계는 무엇인가요?
>
> 아　　　동: 시계는 시옷(ㅅ)입니다.
>
> 치 료 사: 고래는 무엇인가요?
>
> 아　　　동: 고래는 오(ㄴ)입니다.
>
> 치 료 사: 포도는 무엇인가요?

아   동: 포도는 피읖(ㅍ)입니다.

치 료 사: 축구공은 무엇인가요?

아   동: 축구공은 우(ㅜ)입니다.

치 료 사: 열쇠는 무엇인가요?

아   동: 열쇠는 이응(ㅇ)입니다.

치 료 사: 정답이 소풍인가요?

아   동: 네. 정답은 소풍입니다.

좀 더 느리고 부드럽게: 첫음절(시, 고, 포, 축, 열, 정, 네)

2. 같은 문장구조 활용하기 2

치 료 사: 시계를 무엇으로 바꿀까요?

아   동: 시계는 시옷(ㅅ)으로 바꾸세요.

치 료 사: 고래를 무엇으로 바꿀까요?

아   동: 고래는 오(ㅗ)로 바꾸세요.

치 료 사: 포도를 무엇으로 바꿀까요?

아   동: 포도는 피읖(ㅍ)으로 바꾸세요.

치 료 사: 축구공을 무엇으로 바꿀까요?

아   동: 축구공은 우(ㅜ)로 바꾸세요.

치 료 사: 열쇠를 무엇으로 바꿀까요?

아   동: 열쇠는 이응(ㅇ)으로 바꾸세요.

치 료 사: 정답이 소풍인가요?

아   동: 네. 정답은 소풍입니다.

좀 더 느리고 부드럽게: 첫음절(시, 고, 포, 축, 열, 정, 네)

봄-10 문장 완성하기 스크립트

C. 문장 수준

지시문

이번엔 문장 완성하기! 먼저 빈칸들이 모두 채워진 문장들을 천천히, 첫음절을 살살 읽어 보자. 선생님이 시작할게.

1. 제시된 문장 읽기

치료사와 아동이 동시에 또는 번갈아 한 문장씩 느리고 부드럽게 읽습니다.

치 료 사 : 개구리가 뜁니다.

아　　동 : 작은 개구리가 뜁니다.

치 료 사 : 연못에서 작은 개구리가 뜁니다.

아　　동 : 연못에서 작은 개구리가 폴짝폴짝 뜁니다.

좀 더 느리고 부드럽게: 첫음절(개, 작, 연, 연)

지시문

이번에는 우리가 여기 빈칸들을 모두 채우는 거야. 봄과 관련된 이야기면 모두 되는 거니까 상상력을 발휘해서 재미있는 문장들을 말해 보자. 그런데 말할 때 천천히, 첫음절을 살살 읽어 보자. 선생님이 시작할게.

2. 새로운 문장 만들기 1

처음에는 보기로 나와 있는 문장의 일부만 바꾸어 가며 연습을 해도 좋습니다.

상상력을 발휘하여 다양한 낱말로 문장을 만들면서 연습을 할 수 있습니다.

치 료 사 : 개구리가 울어요.

아　　동 : 작은 개구리가 울어요.

치 료 사 : 작은 개구리가 개굴개굴 울어요.

아　　동 : 작은 개구리가 밤새도록 개굴개굴 울어요.

좀 더 느리고 부드럽게: 첫음절(개, 작, 작, 작)

3. 새로운 문장 만들기 2

아동이 새로운 문장 만들기를 어려워한다면 첫 문장은 치료사가 제시해 줍니다.

치 료 사: 봄비가 와요.

아　　동: 오늘 봄비가 와요.

치 료 사: 오늘 봄비가 부슬부슬 와요.

아　　동: 오늘 하루 종일 봄비가 부슬부슬 와요.

좀 더 느리고 부드럽게: 첫음절(봄, 오, 오, 오)

4. 새로운 문장 만들기 3

아　　동: 바람이 불어요.

치 료 사: 황사 바람이 불어요.

아　　동: 황사 바람이 세게 불어요.

치 료 사: 오늘도 황사 바람이 세게 불어요.

좀 더 느리고 부드럽게: 첫음절(바, 황, 황, 오)

5. 새로운 문장 만들기 4

아　　동: 소풍을 가요.

치 료 사: 학교에서 소풍을 가요.

아　　동: 학교에서 놀이공원으로 소풍을 가요.

치 료 사: 내일 학교에서 놀이공원으로 소풍을 가요.

좀 더 느리고 부드럽게: 첫음절(소, 학, 학, 내)

6. 새로운 문장 만들기 5

아　　동: 딸기를 먹었어요.

치 료 사: 달콤한 딸기를 먹었어요.

아　　동: 가족들과 달콤한 딸기를 먹었어요.

치 료 사: 어제 가족들과 달콤한 딸기를 먹었어요.

좀 더 느리고 부드럽게: 첫음절(딸, 달, 가, 어)

봄-11 수수께끼 기차 스크립트

C. 문장 수준

지시문

이번에는 문제 내는 사람이 힌트를 주면 상대방이 맞히는 수수께끼야. 문제는 봄 낱말 중에서 하나를 정하고, 문제마다 문장으로 4개의 힌트를 줄 수 있어. 힌트를 줄 때는 천천히, 첫음절을 살살 말하는 거야. 선생님이 맞출게. 자! 힌트를 주세요.

1. 수수께끼 힌트 주기

아동이 문제를 내면 치료사는 다양한 문장으로 반응을 해 줌으로써 아동이 문장 간 충분한 쉼을 갖도록 할 수 있습니다.

아　　동 : 이것은 곤충입니다.

치 료 사 : 곤충이구요.

아　　동 : 이것은 번데기에서 나옵니다.

치 료 사 : 번데기에서 나오는 곤충이고.

아　　동 : 이것은 훨훨 납니다.

치 료 사 : 훨훨 날아다니는 곤충이고.

아　　동 : 이것은 두 글자입니다.

치 료 사 : 이름이 두 글자인 곤충이고.

아　　동 : 이것은 무엇일까요?

치 료 사 : 이것은 나비입니까?

아　　동 : 네. 나비입니다.

좀 더 느리고 부드럽게: 첫음절(이, 곤, 번, 훨, 이, 네)

[제1부] 달팽이

나
_____

가족
_____

집/동네
_____

음식
_____

옷
_____

나

● 각 활동의 구체적인 방법은 본 워크북의 친절한 지침서를 참고하세요.

1. 생각그물

 나하면 떠오르는 것은?

2. 글자 숨바꼭질

🌀 글자들을 연결해서 '나'와 관련된 낱말을 만들어 보세요.

1) 두 글자 낱말은 모두 몇 개인가요?

2) 세 글자 낱말은 모두 몇 개인가요?

3) '나'와 관련된 낱말이 아닌 것은?

4) 짝이 없는 글자는 무엇인가요?

생	이	곳	난	우
님	별	성	랄	단
개	사	터	일	감
장	미	상	생	는
짝	선	흉	겨	지
격	갈	명	개	형

3. 뒤죽박죽

🐚 글자들이 모두 뒤죽박죽되어 있어요. 바르게 읽어 주세요.

예) **로꾸거** → **거꾸로**

름이	이나	별성	격성

터흉	명별	짝단	일생

미취	기일	밀비	물선

각생	수실	거말짓	꿈의나

형상이	는사곳	물내보

것는하잘	절어린시	션패의나

🐚 낱말들을 보고 생각나는 것을 말해 보세요.

예) **계절 꽃 3월 → 봄**

김초은 심지성 김노아 심지강	

날짜 선물 미역국 ○○_축하해!	

밝은 급한 용감한 엉뚱한 정직한	

줄넘기 콩나물 잠 센티미터 ○재기	

연세　　몇_살　　○○테　　○○들다	

수다쟁이　　울보　　공부벌레　　키다리	

책_읽기　　자전거_타기　　음악_듣기	

경기도　　서울시　　서초구　　도로명	

5. 이 빠진 낱말

🐌 무슨 낱말인지 알 수가 없어요. 이름을 찾아 주세요.

예) 0 름 → 이름

ㅗ물	별며	ㅈ소

생일	ㅋ	ㅕ색형

ㅟ미	성ㅕ	ㅓ별

ㅗ교	ㄴ쁜ㅂ관	ㅏ이

버ᄉ	이ㅏ형	ㅏ래ᅵ망

70

나

	☀	●	▲	☞	★	☂	♥	☎	✿	■	
1	성	격	리	칭	관	단	짠	나	이	차	1
2	적	별	명	기	생	점	짝	언	상	름	2
3	용	똥	작	내	각	실	수	친	형	니	3
4	돈	생	일	어	방	큰	정	거	구	제	4
5	나	캐	기	린	전	화	번	호	짓	찬	5
6	의	릭	잘	시	악	키	동	생	비	말	6
7	꿈	터	하	절	몽	패	션	흉	밀	만	7
8	선	보	는	멍	사	는	곳	취	터	화	8
9	빵	물	것	주	소	장	점	미	래	뺑	9
	☀	●	▲	☞	★	☂	♥	☎	✿	■	

찾은 단어

A

나이	성별	별명	생일
친구	만화	게임	주소
이상형	성격	단짝	내 보물
어린 시절	흉터	키	간식

별명	성격	단짝	키
이상형	나이	주소	생일
친구	어린 시절	성별	간식
흉터	만화	내 보물	게임

B

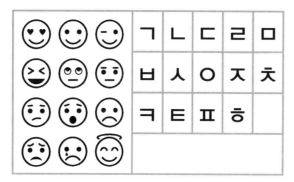

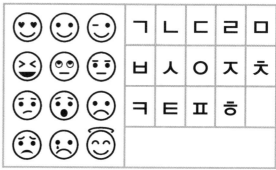

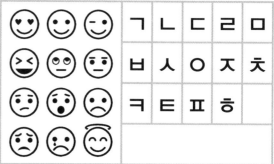

9. 암호퍼즐

예)  → 암호

ㄱ	ㄴ	ㄷ	ㄹ	ㅁ	ㅂ	ㅅ	ㅇ	ㅈ	ㅊ	ㅋ	ㅌ	ㅍ	ㅎ
🦀	🐱	🌰	🚛	🧢	🦇	⌚	🔑	🦃	🪥	🐘	🐰	🍇	💀

ㅏ	ㅑ	ㅓ	ㅕ	ㅗ	ㅛ	ㅜ	ㅠ	ㅡ	ㅣ	ㅔ	ㅐ
🍎	🧦	✳️	👓	🐋	🦕	⚽	🌷	🚚	🍕	🎂	🐛

→

→

→

→

→

→

→

→

→

→

→

→

예) 내 짝꿍은 _____입니다. → 내 짝꿍은 장난꾸러기입니다.

나는	좋아합니다.		
나는	케잌을	좋아합니다.	
나는	초코	케잌을	좋아합니다.
나는	달콤한	초코	케잌을	좋아합니다.

내 별명	입니다.		
장난꾸러기는	내 별명	입니다.	
못말리는	장난꾸러기는	내 별명	입니다.
못말리는	장난꾸러기는	첫 번째	내 별명	입니다.

마포구에	삽니다.		
서울시	마포구에	삽니다.	
대한민국	서울시	마포구에	삽니다.
대한민국	서울시	마포구에	가족과	삽니다.

B

예	이것은 날짜입니다. 이 날에 선물을 받습니다. 이 날은 태어난 날입니다. 이것은 두 글자입니다.	정답은? → → →	생일
		→ → →	
		→ → →	
		→ → →	
		→ → →	

FAMILLY

가족

● 각 활동의 구체적인 방법은 본 워크북의 친절한 지침서를 참고하세요.

1. 생각그물

🐌 **가족**하면 떠오르는 것은?

2. 글자 숨바꼭질

🍥 글자들을 연결해서 '**가족**'과 관련된 낱말을 만들어 보세요.

1) 두 글자 낱말은 모두 몇 개인가요?
2) 세 글자 낱말은 모두 몇 개인가요?
3) '가족'과 관련된 낱말이 아닌 것은?
4) 짝이 없는 글자는 무엇인가요?

엄	할	생	외	대
머	마	잔	호	식
니	아	가	소	랑
약	꾸	이	빠	리
교	거	속	지	수
족	실	박	노	람

3. 뒤죽박죽

🐌 글자들이 모두 뒤죽박죽되어 있어요. 바르게 읽어 주세요.

예) 로꾸거 ➔ 거꾸로

절명	돈용	카조	말주

목화	제형	매자	화대

모이	사감	신생	움싸

름부심	족가대	리소잔	님모부

부모고	식혼결	행가여족

할지아버	진족사가	머니할외

낱말들을 보고 생각나는 것을 말해 보세요.

예) **계절 꽃 3월 → 봄**

명절 삼촌 고모 이모부 외숙모	

사촌○○ 여○○ 남○○ 막내○○	

그만 일어나 씻어 안_돼 공부해	

최고! 참!_잘했어요. ○○스티커	

설거지 청소 심부름 안마 세배	

딴-딴-따단- 드레스 반지 예식장	

이모_아들 고모_딸 삼촌_아들 숙모_딸	

사랑 감사 희생 효도 어버이날	

5. 이 빠진 낱말

무슨 낱말인지 알 수가 없어요. 이름을 찾아 주세요.

예) ㅇ 름 → 이름

엄 ㅁ	ㅣㅇ 찬	ㅈ 카

사 ㅡㄴ	ㅗ 모 부	ㄷㅏ 촌

아 ㅏ	생 신	ㅕㄹ ㅡㄴ 식

돌 ㄴㅏ ㅊ	ㅎ 생	이 ㅗ

어 ㅓ 이 ㄹㅏ	어 ㄴㅣ ㅣ 날	ㄹㅏ ㅁ ㄴㅣ

6. 낱말 숨바꼭질

	☀	●	▲	☞	★	☂	♥	☎	✿	■	
1	여	사	국	조	결	과	외	할	머	니	1
2	엄	동	랑	카	공	혼	가	아	친	척	2
3	마	영	생	이	숙	부	식	버	방	용	3
4	가	훈	일	부	모	님	물	지	왕	돈	4
5	믿	외	딸	부	심	부	대	가	족	뽀	5
6	손	단	식	사	부	남	동	생	손	녀	6
7	자	연	며	진	름	고	배	신	아	빠	7
8	학	매	느	대	이	모	형	절	삼	들	8
9	잔	소	리	화	목	부	제	사	촌	강	9
	☀	●	▲	☞	★	☂	♥	☎	✿	■	

찾은 단어

87

7. 빙고게임

A

부모님	조카	용돈	사진
외식	심부름	생신	결혼식
별명	잔소리	칭찬	꾸지람
주말	대가족	자매	동생

심부름	칭찬	생신	자매
부모님	결혼식	용돈	동생
별명	주말	잔소리	대가족
외식	사진	꾸지람	조카

B

. . . .

9. 암호퍼즐

예) 🗝️🍎🧢💀🐋 → 암호

ㄱ	ㄴ	ㄷ	ㄹ	ㅁ	ㅂ	ㅅ	ㅇ	ㅈ	ㅊ	ㅋ	ㅌ	ㅍ	ㅎ
🦀	🐱	🌰	🚚	🧢	🦇	⌚	🗝️	🦃	🪥	🐘	🐰	🍇	💀

ㅏ	ㅑ	ㅓ	ㅕ	ㅛ	ㅗ	ㅠ	ㅜ	ㅠ	ㅡ	ㅣ	ㅔ	ㅐ
🍎	🧦	❄️	👓	🐋	🦕	⚽	🌷	🚛	🍕	🎂	🐛	

→

→

→

→

→

→

→

→

→

→

→

→

→

예) **외할머니는** _____. → **외할머니는 친절하십니다.**

생일파티를	합니다.			
가족과	**생일파티를**	합니다.		
즐거운	**생일파티를**	가족과	합니다.	
즐거운	나의	**생일파티를**	가족과	합니다.

잔소리를	하십니다.			
엄마는	**잔소리를**	하십니다.		
엄마는	매일	**잔소리를**	하십니다.	
엄마는	매일	나에게	**잔소리를**	하십니다.

가족사진을	찍어요.			
가족사진을	사진관에서	**찍어요.**		
가족사진을	사진관에서	찰칵	**찍어요.**	
우리	**가족사진을**	사진관에서	찰칵	**찍어요.**

B

예	이 사람은 친척입니다. 이 사람은 여자입니다. 이 사람은 엄마의 자매입니다. 이 낱말은 두 글자입니다.	정답은? → → →	이모
		→ → →	
		→ → →	
		→ → →	
		→ → →	

집/동네

● 각 활동의 구체적인 방법은 본 워크북의 친절한 지침서를 참고하세요.

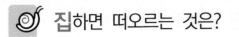 집하면 떠오르는 것은?

2. 글자 숨바꼭질

🌀 글자들을 연결해서 '집/동네'와 관련된 낱말을 만들어 보세요.

1) 두 글자 낱말은 모두 몇 개인가요?
2) 세 글자 낱말은 모두 몇 개인가요?
3) '집/동네'와 관련된 낱말이 아닌 것은?
4) 짝이 없는 글자는 무엇인가요?

거	기	편	침	침
화	줄	놀	기	대
장	실	넘	의	아
실	점	부	이	쇼
소	개	파	억	파
구	터	리	슈	트

3. 뒤죽박죽

🐌 글자들이 모두 뒤죽박죽되어 있어요. 바르게 읽어 주세요.

예) **로꾸거 → 거꾸로**

라빌	장극	원공	행은

방내	탁식	집맛	당식

회교	사이	식휴	터컴퓨

국체우	방소서	찰경서	장주차

방구문	점의편	전텔비레

집어린이	교등학초	장스버류정

4. 연상퀴즈

낱말들을 보고 생각나는 것을 말해 보세요.

예) **계절   꽃   3월 → 봄**

마을 정문 경비실 몇동_몇호	

야채 과일 얼음 김치○○○	

요리 설거지 식구 식탁 그릇	

먼지 로봇○○○ 진공○○○	

물 수건 비누 칫솔 거울	

푹신푹신 매트리스 이층○○	

옷 세제 탈수 드럼○○○	

손님 탁자 소파 TV	

무슨 낱말인지 알 수가 없어요. 이름을 찾아 주세요.

예) 0 름 → 이름

ㅜ차장	ㄱ장	ㅜ억
ㄴ행	유ㅊ원	우ㅔㄱ
ㅗ파	내ㅇ	컴ㅠ터
ㅗ방ㅓ	ㅘ장ㄹ	빠가ㅔ
초ㅎㅘ교	ㄹ0터	ㅠ식

	☀	●	▲	☞	★	☂	♥	☎	✿	■	
1	텔	레	비	전	문	제	리	컴	금	은	1
2	초	돌	펭	체	구	경	헐	모	퓨	행	2
3	등	김	편	의	점	찰	에	어	컨	터	3
4	학	갈	치	소	방	서	빌	린	몬	우	4
5	교	회	터	냉	화	드	라	이	기	체	5
6	버	스	정	류	장	책	침	집	청	국	6
7	엘	유	주	거	실	고	상	대	소	파	7
8	내	현	치	차	드	럼	세	탁	기	청	8
9	방	관	공	원	장	퀴	벌	자	이	사	9
	☀	●	▲	☞	★	☂	♥	☎	✿	■	

찾은 단어

A

거실	아파트	화장실	내 방
편의점	놀이터	식당	유치원
초등학교	은행	우체국	미용실
주차장	극장	문방구	이사

은행	편의점	식당	유치원
주차장	거실	극장	화장실
초등학교	내 방	놀이터	문방구
아파트	이사	우체국	미용실

B

예) 🗝️🍎🧢💀🐋 → 암호

ㄱ	ㄴ	ㄷ	ㄹ	ㅁ	ㅂ	ㅅ	ㅇ	ㅈ	ㅊ	ㅋ	ㅌ	ㅍ	ㅎ
🦀	🐱	🌰	🚚	🧢	🦇	⌚	🗝️	🦃	🪥	🐘	🐰	🍇	💀

ㅏ	ㅑ	ㅓ	ㅕ	ㅗ	ㅛ	ㅜ	ㅠ	ㅡ	ㅣ	ㅔ	ㅐ
🍎	🧦	✳️	👓	🐋	🦕	⚽	🌷	🚛	🍕	🎂	🐛

→

→

→

→

→

→

→

→

→

→

예) _____ 과자를 삽니다. → 편의점에서 과자를 삽니다.

놀이터에서	탑니다.			
나는	놀이터에서	탑니다.		
나는	놀이터에서	시소를	탑니다.	
나는	놀이터에서	짝꿍과	시소를	탑니다.

텔레비전을	봅니다.			
누워서	텔레비전을	봅니다.		
소파에	누워서	텔레비전을	봅니다.	
소파에	누워서	편하게	텔레비전을	봅니다.

문방구에서	삽니다.			
문방구에서	공책을	삽니다.		
학교 앞	문방구에서	공책을	삽니다.	
학교 앞	문방구에서	공책을	두 권	삽니다.

B

11. 수수께끼 기차

예	이곳은 장소입니다. 이곳에서 공부를 합니다. 이곳은 하교 후에 갑니다. 이곳은 두 글자입니다.	정답은? → → →	학원
		→ → →	
		→ → →	
		→ → →	
		→ → →	

음식

● 각 활동의 구체적인 방법은 본 워크북의 친절한 지침서를 참고하세요.

음식하면 떠오르는 것은?

2. 글자 숨바꼭질

🐌 글자들을 연결해서 '음식'과 관련된 낱말을 만들어 보세요.

1) 두 글자 낱말은 모두 몇 개인가요?　　3) '음식'과 관련된 낱말이 아닌 것은?

2) 세 글자 낱말은 모두 몇 개인가요?　　4) 짝이 없는 글자는 무엇인가요?

우	공	김	떡	닭
모	비	소	부	동
설	볶	강	치	빔
성	김	밥	교	이
튀	렁	강	밥	래
실	정	탕	이	김

114

3. 뒤죽박죽

🐌 글자들이 모두 뒤죽박죽되어 있어요. 바르게 읽어 주세요.

예) **로꾸거** → **거꾸로**

자피	뽕짬	대순	동우

장면짜	밥음볶	살겹삼	탕갈비

가스돈	락시도	버햄거	육수탕

고다프배	테스크이	티게파스	초밥부유

장찌개된	드치위샌	초선밥생

콤새콤달	판철볶밥음	치양념킨

4. 연상퀴즈

🐌 낱말들을 보고 생각나는 것을 말해 보세요.

예) **계절   꽃   3월 → 봄**

소풍 치즈○○ 삼각○○ 야채○○	

파티 촛불 생일 생크림○○○	

잔치 생일 당면 ○○밥	

분식 고추장 떡 어묵 간장○○○	

오징어○○　　새우○○　　김말이

쌀○○　　잔치○○　　바지락_칼○○

빵　　해피밀　　콜라　　감자튀김

계란　　나물　　고추장　　돌솥○○○

117

5. 이 빠진 낱말

무슨 낱말인지 알 수가 없어요. 이름을 찾아 주세요.

예) 0 름 → 이름

김 ㅊ	ㅏ 레	ㅣ 자
ㅗ ㅜ	ㅁ ㅕ 살	ㅗ ㅏ 스
ㅔ 이 ㅋ	ㅓ 보 이	닭 ㅏ 저
ㅏ 수 ㅠ	ㅏ 며	보 음 ㅏ
샌 _ 위 ㅣ	ㅐ ㅕ ㅗ 밥	김 ㅊ ㅣ 개

6. 낱말 숨바꼭질

	☀	●	▲	☞	★	☂	♥	☎	✿	■	
1	냉	라	얼	뎅	떡	볶	이	초	카	레	1
2	쫄	면	미	역	국	음	만	삼	겹	살	2
3	통	닭	유	비	빔	밥	두	계	칼	도	3
4	곱	강	후	부	잡	매	운	탕	국	시	4
5	샐	정	식	튀	초	채	쌀	국	수	락	5
6	프	러	삼	각	김	밥	피	자	밥	육	6
7	돈	샌	드	위	치	우	된	장	찌	개	7
8	가	햄	버	거	찌	순	동	면	레	장	8
9	스	파	게	티	개	킨	대	불	고	기	9
	☀	●	▲	☞	★	☂	♥	☎	✿	■	

찾은 단어

A

김치	비빔밥	스파게티	김밥
떡볶이	불고기	탕수육	김치찌개
닭강정	배부르다	맛없다	오므라이스
차갑다	카레	삼각김밥	설렁탕

비빔밥	맛없다	김치찌개	오므라이스
닭강정	김밥	배부르다	스파게티
떡볶이	카레	불고기	설렁탕
삼각김밥	김치	차갑다	탕수육

B

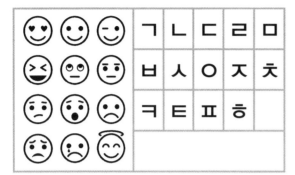

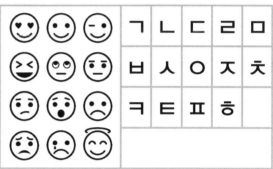

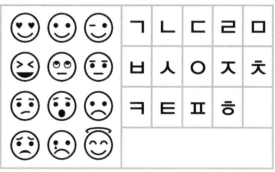

9. 암호퍼즐

예) 🔑🍎🧢💀🐋 → 암호

ㄱ	ㄴ	ㄷ	ㄹ	ㅁ	ㅂ	ㅅ	ㅇ	ㅈ	ㅊ	ㅋ	ㅌ	ㅍ	ㅎ
🦀	🐱	🐟	🚜	🧢	🦇	⏰	🔑	🦃	🪥	🐘	🐰	🍇	💀

ㅏ	ㅑ	ㅓ	ㅕ	ㅗ	ㅛ	ㅜ	ㅠ	ㅡ	ㅣ	ㅔ	ㅐ
🍎	🧦	🧩	👓	🐋	🦕	⚽	🌷	🚚	🍕	🎂	🐛

→

→

→

→

→

→

→

→

→

→

→

→

예) _____ 삼각형 모양입니다. → 삼각김밥은 삼각형 모양입니다.

냉면을	먹어요.			
냉면을	맛있게	먹어요.		
한여름에	냉면을	맛있게	먹어요.	
한여름에	냉면을	후루룩	맛있게	먹어요.

떡볶이를	먹어요.			
매운	떡볶이를	먹어요.		
분식집에서	매운	떡볶이를	먹어요.	
분식집에서	매운	떡볶이를	친구랑	먹어요.

탕수육을	좋아해요.			
튀긴	탕수육을	좋아해요.		
바삭하게	튀긴	탕수육을	좋아해요.	
바삭하게	튀긴	돼지고기	탕수육을	좋아해요.

B

예	이것은 야채입니다. 이것은 고춧가루를 넣어 만든 음식입니다. 이것을 겨울이 오기 전에 준비합니다. 이것은 두 글자입니다.	정답은? → → →	김치
		→ → →	
		→ → →	
		→ → →	
		→ → →	

옷

● 각 활동의 구체적인 방법은 본 워크북의 친절한 지침서를 참고하세요.

🐌 옷하면 떠오르는 것은?

2. 글자 숨바꼭질

글자들을 연결해서 '옷'과 관련된 낱말을 만들어 보세요.

1) 두 글자 낱말은 모두 몇 개인가요?
2) 세 글자 낱말은 모두 몇 개인가요?
3) '옷'과 관련된 낱말이 아닌 것은?
4) 짝이 없는 글자는 무엇인가요?

긴	주	원	사	롱
수	기	한	피	패
영	팔	스	잠	약
병	옷	국	복	딩
복	양	원	스	빨
막	웨	복	터	아

3. 뒤죽박죽

🐌 글자들이 모두 뒤죽박죽 되어 있어요. 바르게 읽어 주세요.

예) **로꾸거** ➡ **거꾸로**

복내	복교	투외	딩패

트코	끼조	장정	비우

옷잠	발신	두구	들샌

육체복	폼니유	화내실	기탁세

라블우스	상의통전	디이자너

이츠셔와	드스레딩웨	치신수체

4. 연상퀴즈

낱말들을 보고 생각나는 것을 말해 보세요.

예) **계절 꽃 3월 → 봄**

파티　공주　결혼식　웨딩○○○	

빨래　세제　탈수　드럼○○○	

교복　아빠　정장　목　나비○○○	

장마　방수　비옷　신발	

132

치마   반○○   청○○   멜빵○○

보호   발   달리기   신발

와이셔츠   세탁소   스팀○○○

잠○   비○   속○   ○장   ○걸이

5. 이 빠진 낱말

🐌 무슨 낱말인지 알 수가 없어요. 이름을 찾아 주세요.

예) ㅇ름 → 이름

바 ㅈ	퍼 카	ㅈ 끼

ㅗ 자	드 ㄹ 스	청 ㅏ 지

ㅛ 보	한 보	수 ㅕ 보

ㄴ 바 지	운 ㅎ ㅎ	네 ㅌ 이

블 ㅏ 우 _	와 ㅇ 셔 _	ㅔ 타 소

6. 낱말 숨바꼭질

	☀	●	▲	☞	★	☔	♥	☎	✿	■	
1	패	딩	블	실	내	화	비	교	양	운	1
2	잠	션	라	바	복	의	잠	옷	복	동	2
3	후	디	우	슬	허	조	끼	걸	장	화	3
4	드	레	스	원	리	구	넥	이	코	갑	4
5	티	츄	깅	피	띠	퍼	두	타	와	트	5
6	육	반	체	스	웨	터	팔	팬	이	건	6
7	청	바	지	타	부	수	롱	티	셔	츠	7
8	치	지	신	킹	츠	영	말	패	츠	모	8
9	마	민	발	매	한	복	저	산	딩	자	9
	☀	●	▲	☞	★	☔	♥	☎	✿	■	

찾은 단어

135

A

내복	교복	잠바	패딩
와이셔츠	원피스	한복	잠옷
양복	체육복	실내화	유니폼
조끼	슬리퍼	세탁기	털모자

잠옷	양복	원피스	유니폼
슬리퍼	내복	털모자	실내화
조끼	세탁기	패딩	잠바
교복	와이셔츠	체육복	한복

B

옷

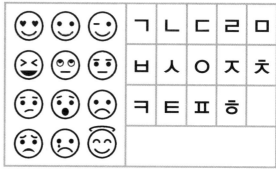

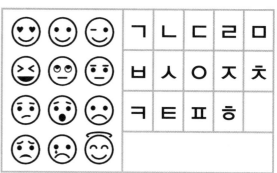

9. 암호퍼즐

예) 🔑🍎🧢💀🐋 → 암호

ㄱ	ㄴ	ㄷ	ㄹ	ㅁ	ㅂ	ㅅ	ㅇ	ㅈ	ㅊ	ㅋ	ㅌ	ㅍ	ㅎ
🦀	🐱	🌰	🚚	🧢	🦇	⌚	🔑	🦃	🪥	🐘	🐰	🍇	💀

ㅏ	ㅑ	ㅓ	ㅕ	ㅗ	ㅛ	ㅜ	ㅠ	ㅡ	ㅣ	ㅔ	ㅐ
🍎	🧦	🧩	👓	🐋	🦕	⚽	🌷	🚛	🍕	🎂	🐛

→

→

→

→

→

→

→

→

→

→

→

→

예) **명절에** _____ **입어요.** → **명절에 한복을 입어요.**

넥타이를	**맵니다.**			
멋진	**넥타이를**	**맵니다.**		
아빠는	멋진	**넥타이를**	**맵니다.**	
아빠는	목에	멋진	**넥타이를**	**맵니다.**

패딩을	**입어요.**			
오리털	**패딩을**	**입어요.**		
오리털	**패딩을**	따뜻하게	**입어요.**	
한겨울에	오리털	**패딩을**	따뜻하게	**입어요.**

장화를	**신어요.**			
비 오는 날	**장화를**	**신어요.**		
비 오는 날	꼬마가	**장화를**	**신어요.**	
비 오는 날	꼬마가	노란	**장화를**	**신어요.**

B

예	이것은 장소입니다. 이곳에서 옷을 수선하기도 합니다. 이곳에서 옷을 세탁합니다. 이것은 세 글자입니다.	정답은? → → →	세탁소
		→ → →	
		→ → →	
		→ → →	
		→ → →	

[제2부] 나비

동물

● 각 활동의 구체적인 방법은 본 워크북의 친절한 지침서를 참고하세요.

동물하면 떠오르는 것은?

2. 글자 숨바꼭질

🦋 글자들을 연결해서 '동물'과 관련된 낱말을 만들어 보세요.

1) 두 글자 낱말은 모두 몇 개인가요?
2) 세 글자 낱말은 모두 몇 개인가요?
3) '동물'과 관련된 낱말이 아닌 것은?
4) 짝이 없는 글자는 무엇인가요?

호	설	사	코	반
순	랑	대	달	미
자	찬	펭	악	끼
팽	토	역	리	동
이	물	어	권	국
철	원	이	음	끼

148

3. 뒤죽박죽

🦋 글자들이 모두 뒤죽박죽되어 있어요. 바르게 읽어 주세요.

예) **로꾸거 → 거꾸로**

리오	린기	마하	타낙

다판	우여	대늑	소염

지돼	어상	래고	타치

레벌애	이양고	리자잠	지이렁

소코뿔	미빼올	알코라

보늘무나	아구나이	구똥쇠리

낱말들을 보고 생각나는 것을 말해 보세요.

예) **계절 꽃 3월 → 봄**

새 남극 뽀로로 황제○○	

두꺼비 폴짝 올챙이 청○○○	

귀 ○○풀 깡충깡충 산○○	

가을 나무 도토리 산골짝의_○○○	

○다리　　삼계탕　　계란　　병아리

반려동물　톰과_제리　쥐　길○○○

판다　　푸우　　포비　　북극○

밀림　　단군　　어흥!　백두산_○○○

5. 이 빠진 낱말

무슨 낱말인지 알 수가 없어요. 이름을 찾아 주세요.

예) O 름 → 이름

사 ㅈ	ㅗ 어	펭ㄴ
ㅗ 타	치 ㅏ	거ㅂ
ㅣ 린	ㅏ 스	오 ㅇ 어
ㅓ 구 ㄹ	ㅜ 엉 O	도 무 ㅂ
고 ㅁ 도 ㅣ	나 ㅜ 늘 ㅗ	이 ㅜ ㅏ 나

6. 낱말 숨바꼭질

	☀	●	▲	☞	★	☂	♥	☎	✿	■	
1	호	오	거	원	숭	이	토	캥	이	염	1
2	여	랑	북	판	다	코	끼	리	거	노	2
3	펭	우	이	구	아	나	올	빼	미	루	3
4	고	탄	코	뿔	소	무	독	수	리	돼	4
5	슴	릴	알	수	공	늘	기	달	팽	이	5
6	도	해	라	의	룡	보	사	린	악	어	6
7	치	마	마	사	자	하	마	슴	왕	우	7
8	낙	타	뱀	생	육	권	귀	말	벌	풍	8
9	새	조	다	람	쥐	사	파	리	뎅	레	9
	☀	●	▲	☞	★	☂	♥	☎	✿	■	

찾은 단어

A

호랑이	코끼리	다람쥐	펭귄
오리	하마	올빼미	거북이
달팽이	정글	여왕벌	쇠똥구리
나무늘보	캥거루	사파리	장수풍뎅이

다람쥐	오리	달팽이	사파리
정글	펭귄	호랑이	거북이
나무늘보	하마	캥거루	장수풍뎅이
코끼리	쇠똥구리	여왕벌	올빼미

B

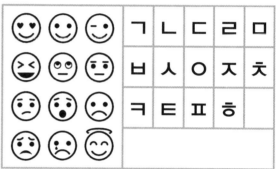

9. 암호퍼즐

예) 🔑🍎🧢💀🦐 → 암호

ㄱ	ㄴ	ㄷ	ㄹ	ㅁ	ㅂ	ㅅ	ㅇ	ㅈ	ㅊ	ㅋ	ㅌ	ㅍ	ㅎ
🦀	🐱	🌰	🚚	🧢	🦇	⌚	🔑	🦃	🪥	🐘	🐰	🍇	💀

ㅏ	ㅑ	ㅓ	ㅕ	ㅗ	ㅛ	ㅜ	ㅠ	ㅡ	ㅣ	ㅔ	ㅐ
🍎	🧦	🧩	👓	🐋	🦕	⚽	🌷	🚛	🍕	🎂	🐛

→

→

→

→

→

→

→

→

→

→

→

→

예) _____ 코가 깁니다. → 코끼리는 코가 깁니다.

개구리가	뜁니다.			
개구리가	펄쩍	뜁니다.		
연못에서	개구리가	펄쩍	뜁니다.	
연못에서	개구리가	높이	펄쩍	뜁니다.

나무늘보가	움직여요.			
나무 위	나무늘보가	움직여요.		
나무 위	나무늘보가	느릿느릿	움직여요.	
나무 위	나무늘보가	느릿느릿	옆 나무로	움직여요.

닭이	낳았어요.			
닭이	알을	낳았어요.		
시골	닭이	알을	낳았어요.	
시골	닭이	알을	많이	낳았어요.

B

예	이것은 초원에 삽니다. 이것은 나뭇잎을 먹고 삽니다. 이것은 키가 큽니다. 이것은 두 글자입니다.	정답은? → → →	기린
		→ → →	
		→ → →	
		→ → →	
		→ → →	

탈것

● 각 활동의 구체적인 방법은 본 워크북의 친절한 지침서를 참고하세요.

1. 생각그물

 탈것하면 떠오르는 것은?

2. 글자 숨바꼭질

🦋 글자들을 연결해서 '**탈것**'과 관련된 낱말을 만들어 보세요.

1) 두 글자 낱말은 모두 몇 개인가요?　　3) '탈것'과 관련된 낱말이 아닌 것은?

2) 세 글자 낱말은 모두 몇 개인가요?　　4) 짝이 없는 글자는 무엇인가요?

보	드	킥	기	학
택	트	교	경	통
잠	필	보	시	차
컴	트	견	찰	드
볼	차	수	인	줄
퓨	력	터	함	차

3. 뒤죽박죽

글자들이 모두 뒤죽박죽되어 있어요. 바르게 읽어 주세요.

예) **로꾸거** ➡ **거꾸로**

스버	차기	기행비	단돛배

전거자	동차자	차게지	하철지

착기굴	선람유	레싱이카	포츠스카

고열속차	속고스버	택시범모	토오이바

헬콥리터	을마스버	항공스버

버원학스	프덤트럭	크포레인

4. 연상퀴즈

탈것

🦋 낱말들을 보고 생각나는 것을 말해 보세요.

예) **계절 꽃 3월 → 봄**

사고 119 빨간색 불	

○○정류장 마을○○ 학원○○	

서울역 새마을 KTX 칙칙폭폭	

보조바퀴 세발○○○ 따르릉따르릉	

166

기본요금 콜○○ 개인○○ 모범○○	

안내방송　노선표　환승　3호선	

제주도　해외여행　착륙_이륙　공항	

바다　잠수함　요트　유람선　돛단○	

5. 이 빠진 낱말

The top right has a box labeled 탈것.

탈것

무슨 낱말인지 알 수가 없어요. 이름을 찾아 주세요.

예) **0 름** → **이름**

기 ㅊ	택 ㅣ	ㅌ 러
ㅓ ㅅ	자 ㄱ ㅛ	불 ㅗ ㅈ
ㅗ ㅏ 차	ㅈ 전 ㅓ	ㅜ ㄱ 차
ㅣ행 ㅣ	ㅕ 찰 ㅊ	ㅇ 람 ㄴ
공 ㅏ 버 ㅡ	ㅘ 권 ㅓ ㅅ	ㅗ 토 ㅏ 이

6. 낱말 숨바꼭질

탈것

	☀	●	▲	☞	★	☂	♥	☎	✿	■	
1	바	퀴	잠	수	함	경	트	자	전	거	1
2	비	행	기	모	해	별	찰	동	오	산	2
3	특	손	차	유	범	전	기	차	토	헬	3
4	마	롤	견	카	소	택	싱	응	바	리	4
5	포	크	레	인	방	눈	시	구	이	콥	5
6	러	을	미	람	차	돛	안	실	급	터	6
7	킥	요	콘	불	건	단	전	지	게	차	7
8	보	트	목	도	버	배	벨	종	하	장	8
9	드	루	선	저	스	세	트	럭	학	철	9
	☀	●	▲	☞	★	☂	♥	☎	✿	■	

찾은 단어

169

A

자동차	기차	버스	비행기
고속기차	자전거	오토바이	트럭
마을버스	모범택시	킥보드	구급차
견인차	크레인	학원버스	스포츠카

모범택시	자동차	오토바이	고속기차
비행기	킥보드	크레인	버스
견인차	자전거	스포츠카	마을버스
기차	구급차	트럭	학원버스

B

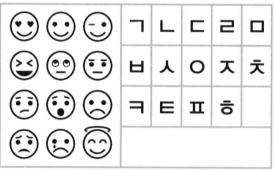

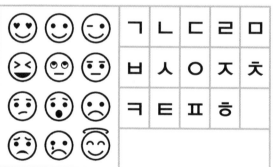

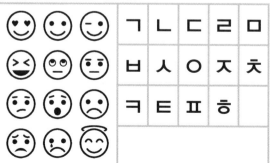

9. 암호퍼즐

예) 🔑🍎🧢💀🐋 → 암호

ㄱ	ㄴ	ㄷ	ㄹ	ㅁ	ㅂ	ㅅ	ㅇ	ㅈ	ㅊ	ㅋ	ㅌ	ㅍ	ㅎ
🦀	🐱	🌰	🚚	🧢	🦇	⌚	🔑	🦃	🪥	🐘	🐰	🍇	💀

ㅏ	ㅑ	ㅓ	ㅕ	ㅗ	ㅛ	ㅜ	ㅠ	ㅡ	ㅣ	ㅔ	ㅐ
🍎	🧦	✳️	👓	🐋	🦕	⚽	🌷	🚛	🍕	🎂	🐛

→

→

🐘🚚🎂🔑🍕🐱

→

→

🦀⚽🦀🚚🦇🪥🍎

→

→

⌚🐋🦇🍎🔑🪥🍎

→

🔑🦕🐰🚛

→

🪥✳️🔑🔑⌚🐋🪥🍎

→

→

🐰🐛🔑🐘🚛

→

→

173

예) 강변에서 _____ 탑니다. → 강변에서 자전거를 탑니다.

비행기가	날아가요.			
비행기가	높이	날아가요.		
우리	비행기가	높이	날아가요.	
우리	비행기가	하늘	높이	날아가요.

불도저가	있어요.			
불도저가	공사장에	있어요.		
땅을 파는	불도저가	공사장에	있어요.	
땅을 파는	불도저가	아파트	공사장에	있어요.

불을	꺼요.			
소방차가	불을	꺼요.		
빨간	소방차가	불을	꺼요.	
호스가 있는	빨간	소방차가	불을	꺼요.

B

예	이것은 교통수단입니다. 이것은 많은 사람을 태웁니다. 이것은 지하로 다닙니다. 이것은 세 글자입니다.	정답은? → → →	지하철
		→ → →	
		→ → →	
		→ → →	
		→ → →	

놀이

● 각 활동의 구체적인 방법은 본 워크북의 친절한 지침서를 참고하세요.

놀이하면 떠오르는 것은?

2. 글자 숨바꼭질

글자들을 연결해서 '**놀이**'와 관련된 낱말을 만들어 보세요.

1) 두 글자 낱말은 모두 몇 개인가요?

2) 세 글자 낱말은 모두 몇 개인가요?

3) '놀이'와 관련된 낱말이 아닌 것은?

4) 짝이 없는 글자는 무엇인가요?

게	레	김	만	국
	도	치	찰	임	묵

| 게 | 레 | 김 | 만 | 국 |

| 도 | 치 | 찰 | 임 | 묵 |

| 시 | 고 | 들 | 회 | 서 |

| 찌 | 미 | 그 | 소 | 흙 |

| 노 | 숙 | 의 | 장 | 네 |

| 기 | 각 | 빠 | 원 | 제 |

3. 뒤죽박죽

 글자들이 모두 뒤죽박죽되어 있어요. 바르게 읽어 주세요.

예) **로꾸거** → **거꾸로**

구친	스체	기장	총물

지딱	고레	이팽	형인

둑바	리쌀보	터이놀	난장감

글짐정	비티기보	색이종	드보임게

잇끝기말	드게카임	이할역놀

기술잡래	고게빙임	임게컴터퓨

낱말들을 보고 생각나는 것을 말해 보세요.

예) **계절 꽃 3월 → 봄**

모래 정글짐 그네 시소 미끄럼틀	

우정 반○○ 학교○○ 학원○○	

책상 게임 인터넷 마우스 키보드	

뒤집기 고무○○ 왕○○ ○○치기	

카드 주사위 부루마블 할리갈리	

흰돌 검은돌 오목 알까기 ○○판	

바나나 나?-나비 비?-비옷 옷?-옷장	

채널 핸드폰 영상 좋아요 구독	

5. 이 빠진 낱말

무슨 낱말인지 알 수가 없어요. 이름을 찾아 주세요.

예) 0 름 → 이름

게 ᅟᅵᆷ	ᅟᅳ 네	ᅟᅦ ㄱ 조 립
ᅟᅡᆯ ᅟᅳᆰ 놀 이	ᅟᅵ 늣 바 울	ᅟᅥᆷ ᅟᅲ 터 ᅟᅦ 임
ᅟᅵᆫ ᅟᅧᆼ 놀 이	ᅟᅵᆼ 고	ᅟᅢᆼ 0 치 기
ᅟᅳᆯ 이 ᅟᅥ	ᅟᅩ 래 놀 ᅟᅵ	ㅅ 꾸 놀 이
보 ᅟᅳ 게 ᅟᅵᆷ	ᅟᅧ 지 치 ᅟᅵ	ᅟᅮ ᅟᅮ 께 끼

6. 낱말 숨바꼭질

놀이

	☀	●	▲	☞	★	☂	♥	☎	✿	■	
1	슬	라	임	공	가	컴	쌀	통	메	방	1
2	도	벌	주	사	위	켜	퓨	보	모	묵	2
3	미	끄	럼	틀	바	로	시	터	리	찌	3
4	노	들	자	상	위	둑	봇	소	게	빠	4
5	그	줄	동	딱	보	음	학	꿉	임	임	5
6	초	네	차	지	물	드	팽	놀	칠	술	6
7	뱀	놀	타	치	총	레	게	이	림	래	7
8	종	이	접	기	빙	고	게	임	치	잡	8
9	땡	터	모	래	놀	이	연	날	리	기	9
	☀	●	▲	☞	★	☂	♥	☎	✿	■	

찾은 단어

185

A

놀이터	친구	컴퓨터	게임
보드게임	줄넘기	소꿉놀이	술래잡기
빙고게임	묵찌빠	장난감	수수께끼
찰흙놀이	레고	끝말잇기	바둑

줄넘기	빙고게임	술래잡기	수수께끼
묵찌빠	친구	바둑	게임
컴퓨터	끝말잇기	보드게임	레고
놀이터	장난감	찰흙놀이	소꿉놀이

B

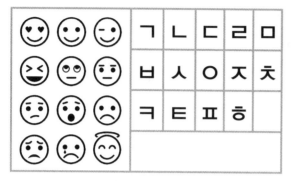

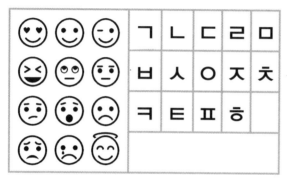

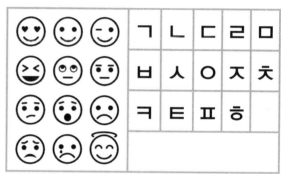

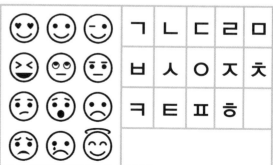

9. 암호퍼즐

예) 🗝️🍎🧢💀🐋 → 암호

ㄱ	ㄴ	ㄷ	ㄹ	ㅁ	ㅂ	ㅅ	ㅇ	ㅈ	ㅊ	ㅋ	ㅌ	ㅍ	ㅎ
🦀	🐱	🌰	🚚	🧢	🦇	⌚	🗝️	🦃	🪥	🐘	🐰	🍇	💀

ㅏ	ㅑ	ㅓ	ㅕ	ㅛ	ㅗ	ㅛ	ㅜ	ㅠ	ㅡ	ㅣ	ㅔ	ㅐ
🍎	🧦	✳️	👓	🐋	🦕	⚽	🌷	🚛	🍕	🎂	🐛

→

→

→

→

→

→

→

→

→

→

→

→

예) _____ 비눗방울을 붑니다. → 동그란 비눗방울을 붑니다.

놀이터에서	놀아요.		

놀이터에서	친구랑	**놀아요.**	

집 앞	**놀이터에서**	친구랑	**놀아요.**

집 앞	**놀이터에서**	친구랑	재미있게	**놀아요.**

자전거를	타요.		

한강에서	**자전거를**	타요.	

아빠랑	한강에서	**자전거를**	타요.

아빠랑	한강에서	2인용	**자전거를**	타요.

종이접기를	해요.		

색종이로	**종이접기를**	해요.	

빨강색	색종이로	**종이접기를**	해요.

빨강색	네모난	색종이로	**종이접기를**	해요.

B

예	이것은 놀이터에서 볼 수 있습니다. 이것은 두 사람이 꼭 타야 합니다. 이것은 위아래로 움직입니다. 이것은 두 글자입니다.	정답은? → → →	시소
		→ → →	
		→ → →	
		→ → →	
		→ → →	

마트/백화점

● 각 활동의 구체적인 방법은 본 워크북의 친절한 지침서를 참고하세요.

1. 생각그물

 마트/백화점하면 떠오르는 것은?

2. 글자 숨바꼭질

🦋 글자들을 연결해서 '**마트/백화점**'과 관련된 낱말을 만들어 보세요.

1) 두 글자 낱말은 모두 몇 개인가요?
2) 세 글자 낱말은 모두 몇 개인가요?
3) '마트/백화점'과 관련된 낱말이 아닌 것은?
4) 짝이 없는 글자는 무엇인가요?

생	축	영	볼	숙
주	과	구	과	수
간	링	선	화	증
차	기	장	핸	일
홈	식	자	은	드
볼	쇼	장	핑	품

3. 뒤죽박죽

🦋 글자들이 모두 뒤죽박죽되어 있어요. 바르게 읽어 주세요.

예) **로꾸거** ➡ **거꾸로**

식간	류의	화잡	채야

발신	인할	경구	국약

핑쇼홈	킹네마	어물건	이사즈

형대트마	동냉품식	이베커리	장구바니

코일너과	세액서리	품제자전

엘베리이터	백명화품관점	핑쇼인넷터

낱말들을 보고 생각나는 것을 말해 보세요.

예) **계절　꽃　3월 → 봄**

흰○○　　초코○○　　바나나○○	

국수　꼬불꼬불　컵○○　신○○	

세일　매장　상품권　푸드코트	

축하　생일　어린이날　크리스마스	

아저씨　　상자　　온라인　　주문	

쿠폰　　행사　　1+1　　가격○○	

인터넷○○　　○○몰　　○○카트	

가격　　계산　　카드　　현금○○○	

5. 이 빠진 낱말

무슨 낱말인지 알 수가 없어요. 이름을 찾아 주세요.

예) O 름 → 이름

세 일	반 찬	ㅅ 핑

ㅛ 환	구 ㅕ	영 ㅜ 증

ㅜ 건	ㅜ 폰	ㅅ 이 ㅈ

ㅜ 차 ㅇ	ㄴ O 물	ㅁ 네 ㅇ

쇼 ㅇ 카 ㅡ	야 ㅊ ㅗ 너	ㅇ 동 ㅟ 품

6. 낱말 숨바꼭질

	☀	●	▲	☞	★	☂	♥	☏	✿	■	
1	신	주	차	장	컴	약	중	에	쿠	폰	1
2	세	일	전	난	바	퓨	국	스	커	팡	2
3	계	산	자	감	영	구	터	컬	과	일	3
4	백	시	제	식	수	경	니	레	택	스	4
5	화	장	품	당	증	발	사	이	즈	배	5
6	점	구	건	엘	리	베	이	터	마	상	6
7	매	원	남	어	명	이	쇼	핑	카	트	7
8	가	격	포	선	물	커	할	통	드	페	8
9	두	구	액	세	서	리	섬	인	롱	문	9
	☀	●	▲	☞	★	☂	♥	☏	✿	■	

찾은 단어

A

과일코너	과자	우유	간식
장난감코너	베이커리	홈쇼핑	카트
대형마트	백화점	마네킹	영수증
세일	냉동식품	화장품	점원

베이커리	간식	영수증	대형마트
세일	마네킹	장난감코너	화장품
과자	카트	점원	우유
백화점	과일코너	홈쇼핑	냉동식품

B

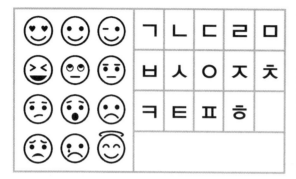

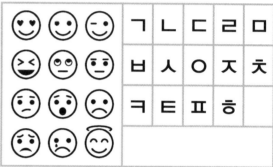

9. 암호퍼즐

예) 🔑🍎🧢💀🦐 → 암호

ㄱ	ㄴ	ㄷ	ㄹ	ㅁ	ㅂ	ㅅ	ㅇ	ㅈ	ㅊ	ㅋ	ㅌ	ㅍ	ㅎ
🦀	🐈	🌰	🚛	🧢	🦇	⌚	🔑	🦃	🪥	🐘	🐇	🍇	💀

ㅏ	ㅑ	ㅓ	ㅕ	ㅗ	ㅛ	ㅜ	ㅠ	ㅡ	ㅣ	ㅔ	ㅐ
🍎	🧦	✳️	👓	🐋	🦕	⚽	🌷	🚚	🍕	🎂	🐛

→

→

→

→

→

→

→

→

→

→

→

→

예) _____ 배추를 삽니다. → 야채코너에서 배추를 삽니다.

주차를	합니다		
주차장에	**주차를**	합니다.	
주차장에	**주차를**	조심조심	**합니다.**
엄마가	주차장에	**주차를**	조심조심	**합니다.**

옷을	사요.		
여름	**옷을**	사요.	
시원한	여름	**옷을**	사요.
백화점에서	시원한	여름	**옷을**	사요.

편의점에서	삽니다.		
삼각김밥을	**편의점에서**	삽니다.	
편의점에서	참치 마요	삼각김밥을	**삽니다.**
편의점에서	맛있는	참치 마요	삼각김밥을	**삽니다.**

206

B

11. 수수께끼 기차

예	이것은 사람이 사용할 수 있습니다. 이것은 바퀴가 있습니다. 이것은 물건을 담을 수 있습니다. 이것은 네 글자입니다.	정답은? → → →	쇼핑카트
		→ → →	
		→ → →	
		→ → →	
		→ → →	

학교

● 각 활동의 구체적인 방법은 본 워크북의 친절한 지침서를 참고하세요.

학교하면 떠오르는 것은?

2. 글자 숨바꼭질

🦋 글자들을 연결해서 '학교'와 관련된 낱말을 만들어 보세요.

1) 두 글자 낱말은 모두 몇 개인가요?　　3) '학교'와 관련된 낱말이 아닌 것은?

2) 세-네 글자 낱말은 모두 몇 개인가요?　4) 짝이 없는 글자는 무엇인가요?

체	상	육	결	운

교	오	유	대	석

여	모	실	책	치

대	가	동	목	회

름	빵	둠	방	가

장	원	방	게	학

3. 뒤죽박죽

글자들이 모두 뒤죽박죽되어 있어요. 바르게 읽어 주세요.

예) 로꾸거 ➡ 거꾸로

업수	식급	험시	교등

제숙	꿍짝	표발	따왕

실교	퇴조	부공	문교

표시간	서교과	함물사	방가책

장동운	는쉬간시	의날승스

학험습체	업방후과수	학겨방울

낱말들을 보고 생각나는 것을 말해 보세요.

예) **계절 꽃 3월 → 봄**

| **계획표 ○○숙제 여름○○ 겨울○○** | |

| **교과서 필통 공책 알림장 준비물** | |

| **시계 태극기 의자 책상 사물함** | |

| **메뉴 식판 영양선생님 점심시간** | |

응원 줄다리기 이어달리기 체육대회

책   반납_대출   열람실   독서

교탁 교무실 스승의_날 담임○○○

교문   지각   ○○시간   녹색어머니

5. 이 빠진 낱말

무슨 낱말인지 알 수가 없어요. 이름을 찾아 주세요.

예) **0 름** → **이름**

교 ㅣ	ㅂ시	ㅅ풍

ㄱ제	ㅏ용ㅁ	ㅗ ㅓ관

ㅣ판	ㄹ서	준 ㅣ무

ㄴ동ㅏ	ㄴ생님	채가ㅏ

여ㅁ방ㄴ	ㅔ육ㅐ회	ㅣ간표

6. 낱말 숨바꼭질

	☀	●	▲	☞	★	☂	♥	☎	✿	■	
1	졸	식	체	경	시	험	볼	지	개	담	1
2	통	업	험	육	형	광	펜	입	새	임	2
3	초	등	학	교	대	조	심	방	학	선	3
4	반	교	습	무	과	회	퇴	과	년	생	4
5	호	장	문	실	도	서	관	후	공	님	5
6	친	선	운	제	연	노	교	수	책	부	6
7	구	생	점	동	습	필	실	업	가	상	7
8	분	님	알	림	장	기	깎	내	방	숙	8
9	스	승	의	날	트	결	석	이	화	제	9
	☀	●	▲	☞	★	☂	♥	☎	✿	■	

찾은 단어

A

교실	공부	수업	급식
교장선생님	보건실	교과서	체험학습
체육대회	겨울방학	운동장	방과후수업
지각	학용품	등교	도서관

공부	체육대회	지각	교과서
겨울방학	학용품	교장선생님	방과후수업
급식	교실	도서관	보건실
운동장	체험학습	수업	등교

B

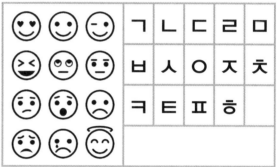

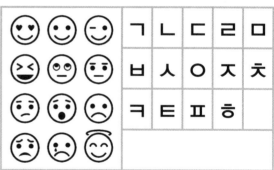

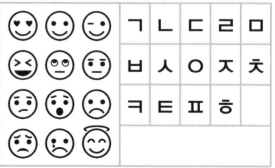

9. 암호퍼즐

예) 🔑🍎🧢💀🐋 → 암호

ㄱ	ㄴ	ㄷ	ㄹ	ㅁ	ㅂ	ㅅ	ㅇ	ㅈ	ㅊ	ㅋ	ㅌ	ㅍ	ㅎ
🦀	🐱	🌰	🚛	🧢	🦇	⌚	🔑	🦃	🪥	🐘	🐰	🍇	💀

ㅏ	ㅑ	ㅓ	ㅕ	ㅔ	ㅗ	ㅛ	ㅜ	ㅠ	ㅡ	ㅣ	ㅐ	ㅒ
🍎	🧦	✳️	👓	🐋	🦕	⚽	🌷	🚚	🍕	🎂	🐛	

→

→

→

→

→

→

→

→

→

→

→

→

예) _____ 운동장에서 축구를 합니다. → 넓은 운동장에서 축구를 합니다.

공부를	합니다.			
공부를	열심히	합니다.		
학교에서	**공부를**	열심히	합니다.	
학교에서	**공부를**	정말	열심히	합니다.

소풍을	갑니다.			
봄	**소풍을**	갑니다.		
봄	**소풍을**	버스타고	갑니다.	
봄	**소풍을**	친구들과	버스타고	갑니다.

발표를	합니다.			
수업시간에	**발표를**	합니다		
수업시간에	큰 소리로	**발표를**	합니다.	
국어	수업시간에	큰 소리로	**발표를**	합니다.

B

예	이것은 학용품입니다. 이것은 두 개의 날이 있습니다. 이것은 종이를 자를 수 있습니다. 이것은 두 글자입니다.	정답은? → → →	가위
		→ → →	
		→ → →	
		→ → →	
		→ → →	

224

[제3부] 나무늘보

공부

직업/꿈

운동

감정

건강

공부

● 각 활동의 구체적인 방법은 본 워크북의 친절한 지침서를 참고하세요.

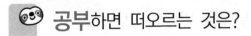 공부하면 떠오르는 것은?

글자들을 연결해서 '**공부**'와 관련된 낱말을 만들어 보세요.

1) 두 글자 낱말은 모두 몇 개인가요? 3) '공부'와 관련된 낱말이 아닌 것은?

2) 세 글자 낱말은 모두 몇 개인가요? 4) 짝이 없는 글자는 무엇인가요?

문	학	검	성	독
	적	선	연	손	교
전	학	서	제	도
	논	등	산	크	표
색	선	림	원	집
	실	바	생	술	님

3. 뒤죽박죽

😊 글자들이 모두 뒤죽박죽되어 있어요. 바르게 읽어 주세요.

예) **로꾸거 → 거꾸로**

험시	제숙	실교	원학

습예	어국	증짜	곤피

트노	기필	제문	습복

서과교	용품학	펜광형	집문제

실독서	표적성	행수가평

아쓰기받	도구기필	원평단가

4. 연상퀴즈

👀 낱말들을 보고 생각나는 것을 말해 보세요.

예) **계절 꽃 3월 → 봄**

등교 급식 방학 초등○○	

과목 숫자 연산 구구단	

교실 시간표 방과_후_○○	

태권도 피아노 미술 ○○셔틀	

외국어 ○○단어 ○○문법 알파벳

공부   문제집   성적   스트레스

한글   읽기   동시   글짓기   논술

자연 우주 발명 ○○자 ○○실험

무슨 낱말인지 알 수가 없어요. 이름을 찾아 주세요.

예) ㅇ 름 → 이름

시 넘	하 워	ㅕㅇ

ㅜ입	국 ㅓ	논수

승 저표	ㅜ 제	인산

독 ㅓ로	짜ㅎ	ㅜ 흑

수 생평 ㅏ	ㄴ ㄱㅓㄴ평 ㅏ	받ㅇ ㅡ기

6. 낱말 숨바꼭질

	☀	●	▲	☞	★	☂	♥	☎	✿	■	
1	숙	문	발	표	준	읽	필	연	산	자	1
2	과	제	종	받	아	쓰	기	필	습	척	2
3	땡	집	짜	학	습	친	도	깎	익	장	3
4	백	중	증	볼	학	원	구	이	힘	논	4
5	점	형	광	펜	교	피	상	공	책	술	5
6	망	수	업	시	간	곤	도	독	은	상	6
7	재	학	행	천	험	교	과	서	과	학	7
8	성	멍	영	평	미	실	자	록	관	용	8
9	박	적	국	어	가	스	트	레	스	품	9
	☀	●	▲	☞	★	☂	♥	☎	✿	■	

찾은 단어

학교	시험	숙제	교과서
교실	학원	논술	문제집
필기도구	수행평가	발표	단원평가
성적표	독서실	복습	형광펜

수행평가	시험	단원평가	문제집
학교	학원	성적표	독서실
교실	발표	숙제	복습
필기도구	논술	형광펜	교과서

B

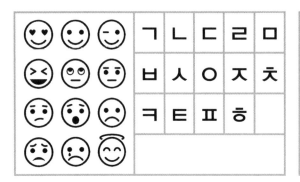

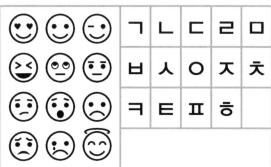

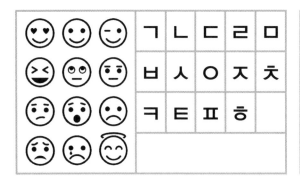

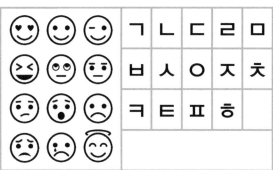

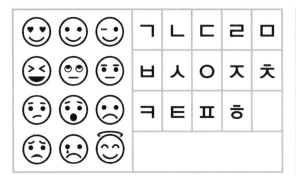

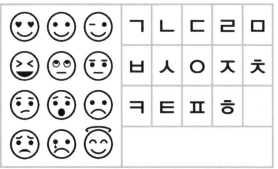

9. 암호퍼즐

예)  → 암호

ㄱ	ㄴ	ㄷ	ㄹ	ㅁ	ㅂ	ㅅ	ㅇ	ㅈ	ㅊ	ㅋ	ㅌ	ㅍ	ㅎ
🦀	🐈	🌰	🚜	🧢	🦇	⌚	🔑	🦃	🪥	🐘	🐰	🍇	💀

ㅏ	ㅑ	ㅓ	ㅕ	ㅗ	ㅛ	ㅜ	ㅠ	ㅡ	ㅣ	ㅔ	ㅐ
🍎	🧦	🧩	👓	🐋	🦕	⚽	🌷	🚚	🍕	🎂	🐛

→

→

→

→

→

→

→

→

→

→

239

예) _____ 책을 빌려요. → 도서관에서 책을 빌려요.

시험을	**봅니다.**			
이번 주에	**시험을**	**봅니다.**		
이번 주에	수학	**시험을**	**봅니다.**	
이번 주에	학교에서	수학	**시험을**	**봅니다.**

성적표를	**확인했어요.**			
오늘	**성적표를**	**확인했어요.**		
오늘	떨리는 마음으로	**성적표를**	**확인했어요.**	
오늘	떨리는 마음으로	엄마 몰래	**성적표를**	**확인했어요.**

숙제가	**많아요.**			
학원	**숙제가**	**많아요.**		
학원	**숙제가**	너무	**많아요.**	
과학	학원	**숙제가**	너무	**많아요.**

예	이것은 도구입니다. 이것은 공부하는 데 꼭 필요합니다. 이것으로 글씨를 지울 수 있습니다. 이것은 세 글자입니다.	정답은? ➜ ➜ ➜	지우개
		➜ ➜ ➜	
		➜ ➜ ➜	
		➜ ➜ ➜	
		➜ ➜ ➜	

직업/꿈

● 각 활동의 구체적인 방법은 본 워크북의 친절한 지침서를 참고하세요.

1. 생각그물

직업/꿈

 직업/꿈하면 떠오르는 것은?

245

2. 글자 숨바꼭질

글자들을 연결해서 '**직업/꿈**'과 관련된 낱말을 만들어 보세요.

1) 두 글자 낱말은 모두 몇 개인가요? 3) '직업/꿈'과 관련된 낱말이 아닌 것은?

2) 세 글자 낱말은 모두 몇 개인가요? 4) 짝이 없는 글자는 무엇인가요?

가	유	선	요	고
의	모	수	생	이
미	나	사	님	튜
배	용	화	사	리
국	버	우	할	뱌
사	머	공	가	니

3. 뒤죽박죽

👀 글자들이 모두 뒤죽박죽되어 있어요. 바르게 읽어 주세요.

예) **로꾸거** ➜ **거꾸로**

사검	인군	델모	자기

가작	사판	부농	부어

자학과	사리요	사호간	사종조

관소방	관찰경	인예연	사의수

자녀이디	서나아운	어지니엔

동수운선	주행사비우	로그머래프

4. 연상퀴즈

낱말들을 보고 생각나는 것을 말해 보세요.

예) **계절 꽃 3월 → 봄**

만들다　끓이다　볶다　찌다　굽다	

하얀색　　병원　　주사실　　의사	

빨간색　물　사다리　출동　불	

검정색　범죄　변호사　법　재판	

가수　배우　개그맨　드라마　TV	

나라　훈련　전쟁　총　충성	

9시　방송　진행　기자　뉴스	

파란색　정의　교통　도둑　형사	

무슨 낱말인지 알 수가 없어요. 이름을 찾아 주세요.

예) 0 름 → 이름

ㅎ부	의 ㅏ	ㅗㅏ가

기 ㅏ	ㄴ생님	외ㅛㅏㄴ

ㅓ부	ㅐ우	ㅐ그매

년ㅗ사	ㅛ리ㅅ	아 ㅏㄴ서

디 ㅏ이 ㅓ	�겐지 ㅏ ㅓ	ㅗㅏ원

	☀	●	▲	☞	★	☂	♥	☎	✿	■	
1	하	연	화	음	디	기	카	함	럼	성	1
2	군	예	술	가	악	자	레	트	작	악	2
3	모	인	요	정	치	가	이	건	축	가	3
4	람	간	리	아	나	운	서	너	모	수	4
5	변	호	사	어	앵	등	동	학	델	두	5
6	단	사	마	농	부	은	약	선	생	님	6
7	소	대	법	술	의	행	사	천	수	해	7
8	금	방	통	회	사	원	진	판	의	산	8
9	경	찰	관	령	손	장	사	육	사	트	9
	☀	●	▲	☞	★	☂	♥	☎	✿	■	

찾은 단어

선생님	의사	건축가	운동선수
음악가	화가	경찰관	소방관
판사	연예인	약사	디자이너
유튜버	탐험가	공무원	과학자

운동선수	판사	선생님	유튜버
약사	소방관	연예인	탐험가
건축가	의사	화가	공무원
과학자	음악가	디자이너	경찰관

B

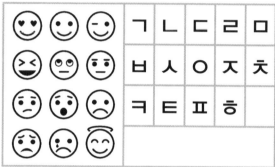

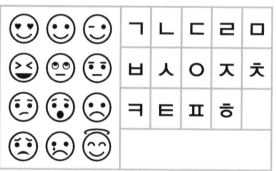

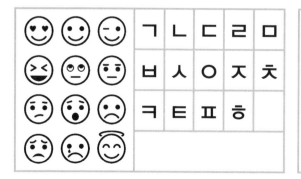

9. 암호퍼즐

예) 🗝🍎🧢💀🦐 → 암호

ㄱ	ㄴ	ㄷ	ㄹ	ㅁ	ㅂ	ㅅ	ㅇ	ㅈ	ㅊ	ㅋ	ㅌ	ㅍ	ㅎ

ㅏ	ㅑ	ㅓ	ㅕ	ㅗ	ㅛ	ㅜ	ㅠ	ㅡ	ㅣ	ㅐ	ㅒ

→

→

→

→

→

→

→

예) _____ 군인이 되고 싶어요. → 용감한 군인이 되고 싶어요.

화가가	그려요.			
화가가	그림을	그려요.		
멋있는	화가가	그림을	그려요.	
멋있는	화가가	풍경	그림을	그려요.

환자를	치료해요.			
의사가	환자를	치료해요.		
의사가	아픈	환자를	치료해요.	
의사가	아픈	환자를	정성껏	치료해요.

소설을	써요.			
작가가	소설을	써요.		
작가가	공포	소설을	써요.	
작가가	무서운	공포	소설을	써요.

B

직업/꿈

예	이것은 직업입니다. 이것은 사람을 구하는 직업입니다. 이 사람은 불을 끄는 일을 합니다. 이 직업은 세 글자입니다.	정답은? ➔ ➔ ➔	소방관
		➔ ➔ ➔	
		➔ ➔ ➔	
		➔ ➔ ➔	
		➔ ➔ ➔	

운동

● 각 활동의 구체적인 방법은 본 워크북의 친절한 지침서를 참고하세요.

1. 생각그물

 운동하면 떠오르는 것은?

2. 글자 숨바꼭질

글자들을 연결해서 '운동'과 관련된 낱말을 만들어 보세요.

1) 두 글자 낱말은 모두 몇 개인가요?
2) 세 글자 낱말은 모두 몇 개인가요?
3) '운동'과 관련된 낱말이 아닌 것은?
4) 짝이 없는 글자는 무엇인가요?

건	태	기	서	축
운	버	강	핸	비
줄	볼	권	차	구
동	배	드	도	스
가	넘	행	볼	링
장	기	구	기	쿡

3. 뒤죽박죽

글자들이 모두 뒤죽박죽되어 있어요. 바르게 읽어 주세요.

예) **로꾸거** → **거꾸로**

원응	상육	구피	궁양

링볼	프골	름씨	싱펜

슬링레	톤마라	리달기	전거자

무게몸	장경기	구장야	벽암반등

이어트다	어빅로에	아이하스키

트케이스	동운수선	턴드민배

4. 연상퀴즈

😮 낱말들을 보고 생각나는 것을 말해 보세요.

예) **계절 꽃 3월 → 봄**

방망이 글러브 투수 타자 홈런	

발 11명 골키퍼 월드컵 손흥민	

구멍 스윙 ○○채 ○○연습장	

학교 급수 음악○○○ 2단뛰기	

모래　샅바　민속놀이　천하장사	

겨울　눈　리프트　스노우보드	

준비운동　팔다리　물　자유형	

대한민국　발차기　파란띠　검은띠	

5. 이 빠진 낱말

무슨 낱말인지 알 수가 없어요. 이름을 찾아 주세요.

예) 0 름 → 이름

ㅔ 조	ㅂ 구	유 ㅗ
늘 프	주 넘 ㄱ	오 ㅁ 픽
ㅗ 구	야 ㅜ	모 무 ㄱ
ㅗ 동 ㅏ	으 원	ㅣ 름
ㅔ 육 ㅣ 간	스 ㅔ ㅣ 트	ㅂ 드 ㄴ 턴

6. 낱말 숨바꼭질

	☀	●	▲	☞	★	☂	♥	☎	✿	■	
1	운	동	선	수	달	당	탁	태	펜	싱	1
2	싱	필	체	영	리	피	구	골	권	유	2
3	씨	라	육	조	기	응	원	프	검	도	3
4	름	테	니	스	깅	야	배	드	민	턴	4
5	헬	스	게	컬	볼	다	구	등	줄	마	5
6	수	몸	레	슬	링	이	초	경	넘	라	6
7	축	구	올	산	에	어	로	빅	기	톤	7
8	요	원	스	케	이	트	강	운	동	장	8
9	가	하	키	림	건	훌	라	후	프	궁	9
	☀	●	▲	☞	★	☂	♥	☎	✿	■	

찾은 단어

267

A

축구	태권도	레슬링	마라톤
줄넘기	자전거	에어로빅	테니스
배드민턴	운동선수	올림픽	핸드볼
야구장	스케이트	씨름	양궁

에어로빅	줄넘기	운동선수	야구장
레슬링	축구	씨름	마라톤
핸드볼	스케이트	태권도	배드민턴
올림픽	자전거	양궁	테니스

B

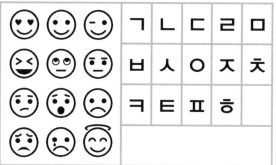

9. 암호퍼즐

예)  → 암호

ㄱ	ㄴ	ㄷ	ㄹ	ㅁ	ㅂ	ㅅ	ㅇ	ㅈ	ㅊ	ㅋ	ㅌ	ㅍ	ㅎ

ㅏ	ㅑ	ㅓ	ㅕ	ㅗ	ㅛ	ㅜ	ㅠ	ㅡ	ㅣ	ㅔ	ㅐ

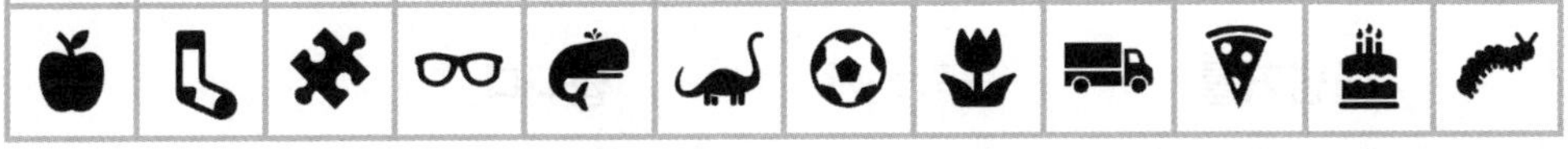

→

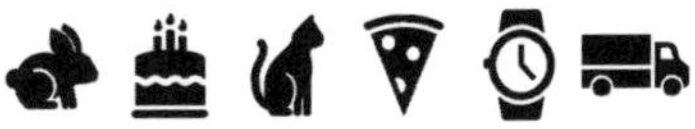

→

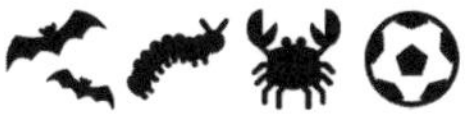

→

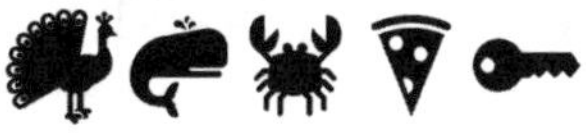

→

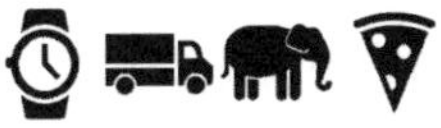

→

→

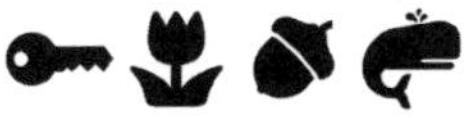

→

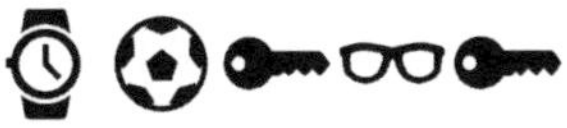

→

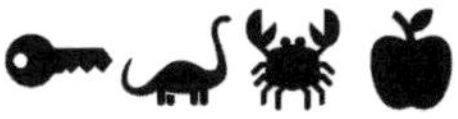

→

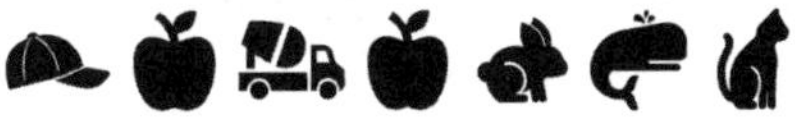

→

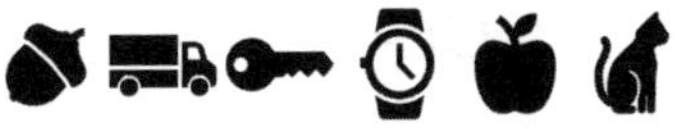

→

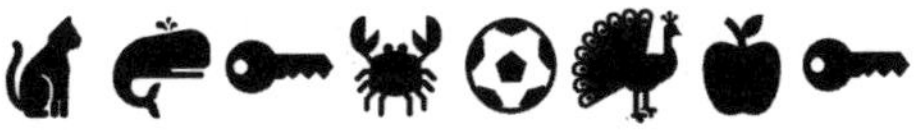

→

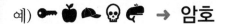

예) **야구장에서** _____을 합니다. → **야구장에서 응원을 합니다.**

줄넘기를	뜁니다.			
줄넘기를	폴짝폴짝	**뜁니다.**		
운동장에서	**줄넘기를**	폴짝폴짝	**뜁니다.**	
운동장에서	친구와	**줄넘기를**	폴짝폴짝	**뜁니다.**

스키를	탑니다.			
스키장에서	**스키를**	탑니다.		
스키장에서	**스키를**	씽씽	**탑니다.**	
눈 오는	스키장에서	**스키를**	씽씽	**탑니다.**

달리기를	합니다			
100미터	**달리기를**	합니다.		
운동회 날	100미터	**달리기를**	합니다.	
화창한	운동회 날	100미터	**달리기를**	합니다.

B

11. 수수께끼 기차

예	이것은 공을 사용하는 운동입니다. 이것은 5명이 공을 주고받습니다. 이것은 골대에 공을 넣으면 됩니다. 이것은 두 글자입니다.	정답은? → → →	농구
		→ → →	
		→ → →	
		→ → →	
		→ → →	

감정

● 각 활동의 구체적인 방법은 본 워크북의 친절한 지침서를 참고하세요.

1. 생각그물

 감정하면 떠오르는 것은?

2. 글자 숨바꼭질

글자들을 연결해서 '**감정**'과 관련된 낱말을 만들어 보세요.

1) 두 글자 낱말은 모두 몇 개인가요?
2) 세 글자 낱말은 모두 몇 개인가요?
3) '감정'과 관련된 낱말이 아닌 것은?
4) 짝이 없는 글자는 무엇인가요?

뿌	감	된	기	짝
말	동	슬	원	시
듯	피	행	장	뺨
다	우	프	스	복
신	함	울	시	또
싸	툼	다	발	함

3. 뒤죽박죽

글자들이 모두 뒤죽박죽되어 있어요. 바르게 읽어 주세요.

예) **로꾸거 → 거꾸로**

복행	노분	랑사	움미

울우	정걱	경존	뽐기

다섭무	함상속	다럽서	함시시

놀다랍	겁즐다	다갑반	프슬다

글서프다	당황다하	나짜증다

럽다스쑥	하다서운	련후하다

낱말들을 보고 생각나는 것을 말해 보세요.

예) **계절 꽃 3월 → 봄**

즐거움 개그맨 유머 하하_호호	

한숨 고민 ○○스럽다 ○○거리	

친구 눈○○ 말○○ 닭○○	

기대 꿈 장래○○ ○○하다	

결혼 짝○○ 첫○○ ○○해!	

아기 눈물 슬픔 엉엉	

전쟁 귀신의_집 무서움 ○○영화	

가족 마음 감사 불행의_반대말	

무슨 낱말인지 알 수가 없어요. 이름을 찾아 주세요.

예) ㅇ 름 → 이름

기 ㅁ	ㄱ 대	ㅈ ㅁ
ㅐ 복	조 경	고 ㄴ
ㅓ 저	ㅜ 울	ㅁ 소
고 포	ㅏ쉽ㄷ	스 프
초 ㅗ하 ㅏ	ㅓ우하다	ㄱ스럽다

6. 낱말 숨바꼭질

	☀	●	▲	☞	★	☂	♥	☎	✿	■	
1	무	설	즐	감	정	갈	희	식	불	행	1
2	시	서	거	동	그	실	망	울	웃	복	2
3	반	가	운	부	리	사	속	마	음	재	3
4	자	랑	스	러	움	랑	상	외	공	포	4
5	멍	두	려	움	미	안	함	로	부	기	5
6	기	대	고	마	움	심	싸	움	끄	존	6
7	쁨	분	민	통	한	슬	아	서	럽	다	7
8	걱	정	거	리	숨	우	픔	운	다	정	8
9	짜	증	리	먼	억	울	먹	함	경	툼	9
	☀	●	▲	☞	★	☂	♥	☎	✿	■	

찾은 단어

283

A

고맙다	그립다	화나다	속상하다
시시하다	행복하다	부끄럽다	슬프다
무섭다	외롭다	황당하다	창피하다
억울하다	불안하다	긴장하다	답답하다

시시하다	고맙다	행복하다	황당하다
화나다	억울하다	슬프다	답답하다
무섭다	속상하다	그립다	불안하다
창피하다	부끄럽다	외롭다	긴장하다

B

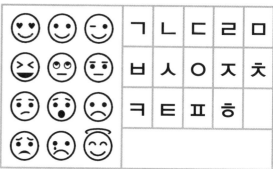

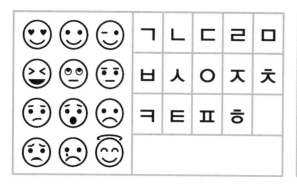

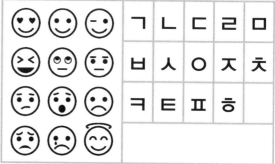

9. 암호퍼즐

예)  → 암호

ㄱ	ㄴ	ㄷ	ㄹ	ㅁ	ㅂ	ㅅ	ㅇ	ㅈ	ㅊ	ㅋ	ㅌ	ㅍ	ㅎ

ㅏ	ㅑ	ㅓ	ㅕ	ㅗ	ㅛ	ㅜ	ㅠ	ㅡ	ㅣ	ㅔ	ㅐ

→

→

→

→

→

→

→

→

→

→

287

예) _____ 마음은 희망입니다. → 기대하는 마음은 희망입니다.

친구야!	고마워.			
친구야!	도와줘서	**고마워.**		
사랑하는	**친구야!**	도와줘서	**고마워.**	
사랑하는	**친구야!**	숙제를	도와줘서	**고마워.**

동생이	미워요.			
욕심쟁이	**동생이**	**미워요.**		
욕심쟁이	**동생이**	다 먹어서	**미워요.**	
욕심쟁이	**동생이**	과자를	다 먹어서	**미워요.**

나는	재미있어요			
나는	게임이	**재미있어요.**		
나는	컴퓨터	게임이	**재미있어요.**	
나는	컴퓨터	게임이	정말	**재미있어요.**

288

감정

예	누구나 느낄 수 있는 감정입니다. 어려운 일을 이루었을 때 느낍니다. 엄마가 나를 칭찬해 주실 때 느낍니다. '○○스럽다'라고 말합니다.	정답은? → → →	자랑스럽다
		→ → →	
		→ → →	
		→ → →	
		→ → →	

건강

● 각 활동의 구체적인 방법은 본 워크북의 친절한 지침서를 참고하세요.

😊 건강하면 떠오르는 것은?

글자들을 연결해서 **'건강'**과 관련된 낱말을 만들어 보세요.

1) 두 글자 낱말은 모두 몇 개인가요?   3) '건강'과 관련된 낱말이 아닌 것은?

2) 세 글자 낱말은 모두 몇 개인가요?   4) 짝이 없는 글자는 무엇인가요?

반	간	야	입	소
청	과	환	채	원
병	아	창	진	고
약	호	홈	자	옷
학	일	원	사	쇼
국	복	기	과	핑

글자들이 모두 뒤죽박죽되어 있어요. 바르게 읽어 주세요.

예) 로꾸거 → 거꾸로

원퇴	렴폐	방처	과치

약예	스깁	염비	취마

루꽃가	기씻손	어체휠	관습식

민타비	독중식	병부피	균산유

형대원병	형정과외	진검강건

방예사주	스엑레이	품식강건

4. 연상퀴즈

낱말들을 보고 생각나는 것을 말해 보세요.

예) **계절 꽃 3월 → 봄**

의사 간호사 주사 수술 응급실	

바이러스 열 기침 콧물	

꿀○ 낮○ 늦○ ○옷 침대	

도구 심장 숨소리 의사	

| 사탕　　칫솔　　불소　　충치 | |

| ○국　○사　물○　알○　가루○ | |

| 진드기　꽃가루　음식　비염　아토피 | |

| 건강　매일　○○○C　종합○○○ | |

5. 이 빠진 낱말

무슨 낱말인지 알 수가 없어요. 이름을 찾아 주세요.

예) O 름 → 이름

충ㅊ	감ㅣ	이원

ㅢ사	반ㅇ고	ㅂㅏ민

ㄴ병	ㅣ침	청ㄴㄱ

주ㅅ	ㅗ아고	ㄴㅈ

엑ㅡㅔ이	ㄴ강ㄴㅈ	예ㅇㅜ사

6. 낱말 숨바꼭질

	☀	●	▲	☞	★	☔	♥	☎	✿	■	
1	잠	병	명	처	로	약	국	밴	수	키	1
2	입	원	설	예	방	주	사	드	술	눈	2
3	콧	충	의	사	가	전	고	피	부	병	3
4	물	약	치	료	루	비	건	강	검	진	4
5	소	아	과	간	약	장	염	러	휠	사	5
6	마	독	감	전	호	수	청	철	체	암	6
7	비	취	기	염	식	사	진	사	어	반	7
8	타	통	깁	병	주	사	기	죽	음	창	8
9	민	엑	스	레	이	환	자	침	연	고	9
	☀	●	▲	☞	★	☔	♥	☎	✿	■	

찾은 단어

7. 빙고게임

A

건강검진	운동	병원	간호사
입원	깁스	약국	예방주사
대형병원	해열제	휠체어	소아과
수술	처방전	식중독	손씻기

깁스	수술	예방주사	휠체어
처방전	건강검진	손씻기	간호사
병원	식중독	소아과	약국
해열제	입원	운동	대형병원

B

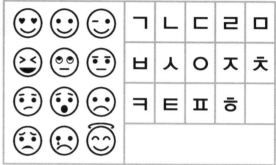

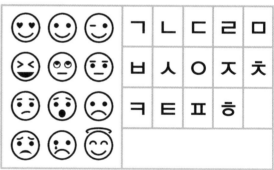

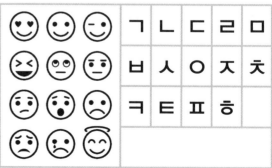

9. 암호퍼즐

예)  → 암호

ㄱ	ㄴ	ㄷ	ㄹ	ㅁ	ㅂ	ㅅ	ㅇ	ㅈ	ㅊ	ㅋ	ㅌ	ㅍ	ㅎ
🦀	🐱	🌰	🚚	🧢	🦇	⌚	🔑	🦃	🪥	🐘	🐰	🍇	💀

ㅏ	ㅑ	ㅓ	ㅕ	ㅗ	ㅛ	ㅜ	ㅠ	ㅡ	ㅣ	ㅔ	ㅐ
🍎	🧦	❇️	👓	🐋	🦕	⚽	🌷	🚛	🍕	🎂	🐛

→

→

→

→

→

→

→

→

→

→

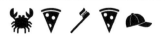

→

→

303

예) 꽃가루 때문에 _____ 생겼어요. → 꽃가루 때문에 알레르기가 생겼어요.

약을	먹어요.			
아파서	약을	먹어요.		
아파서	약을	억지로	먹어요.	
아파서	쓴	약을	억지로	먹어요.

약국에	가요.			
동네	약국에	가요.		
우리	동네	약국에	가요.	
병원 앞	우리	동네	약국에	가요.

열이	나요.			
몸에	열이	나요.		
몸에	열이	펄펄	나요.	
감기로	몸에	열이	펄펄	나요.

B

11. 수수께끼 기차

예	이것은 병원에서 볼 수 있습니다. 이것은 아이들이 싫어하는 것입니다. 이것은 몸에 맞는 것입니다. 이것은 두 글자입니다.	정답은? → → →	주사
		→ → →	
		→ → →	
		→ → →	
		→ → →	

306

[제4부] 잠자리

여행
봄
여름
가을
겨울

여행

● 각 활동의 구체적인 방법은 본 워크북의 친절한 지침서를 참고하세요.

1. 생각그물

여행하면 떠오르는 것은?

2. 글자 숨바꼭질

🪰 글자들을 연결해서 '**여행**'과 관련된 낱말을 만들어 보세요.

1) 두 글자 낱말은 모두 몇 개인가요?

2) 세 글자 낱말은 모두 몇 개인가요?

3) '여행'과 관련된 낱말이 아닌 것은?

4) 짝이 없는 글자는 무엇인가요?

비	잠	공	기	마
펜	고	행	자	항
관	자	날	동	기
애	념	캐	리	션
리	씨	벌	광	차
개	품	어	레	미

3. 뒤죽박죽

여행

글자들이 모두 뒤죽박죽되어 있어요. 바르게 읽어 주세요.

예) **로꾸거 → 거꾸로**

다바	차기	핑캠	집맛

물선	텔호	권여	가휴

억추	도지	소숙	약예

게소휴	트조리	장영수	사행여

비경행여	여가행족	방가행여

행여외해	여패지키행	켓티행비기

낱말들을 보고 생각나는 것을 말해 보세요.

예) **계절 꽃 3월 → 봄**

가족○○ 해외○○ ○○가방	

숙소 리조트 특급○○ ○○뷔페	

맑음 흐림 무더위 일기예보	

텐트 바비큐 ○○카 ○○장	

쉬는_시간　방학　바캉스　여름○○

카메라　　셀카　　추억　　기념○○

출국　　여권　　비행기　　국제○○

○○지　○○객　○○버스　단체○○

5. 이 빠진 낱말

무슨 낱말인지 알 수가 없어요. 이름을 찾아 주세요.

예) ㅇ름 → 이름

바ㄷ	ㄱ차	ㅎ흥

ㅔㄴ스	ㅔ주ㅗ	ㄹㅗ트

ㅓ궈	ㅅ집	기ㅕㅍ

ㅐ리ㅓ	킴픙	드ㅅ

ㅠ게ㅗ	ㅕ행ㅣ도	ㅖㅑ

316

6. 낱말 숨바꼭질

	☀	●	▲	☞	★	☂	♥	☎	✿	■	
1	예	청	장	관	해	캐	리	어	잠	사	1
2	휴	게	소	광	외	수	캠	조	렌	진	2
3	가	상	선	물	여	자	욕	핑	트	밥	3
4	등	국	내	여	행	제	동	장	카	박	4
5	배	산	비	행	기	친	주	차	맛	구	5
6	낭	바	닷	가	섬	무	인	도	함	집	6
7	기	념	품	방	족	홀	워	터	파	크	7
8	산	차	구	경	공	여	권	날	께	루	8
9	펜	션	역	치	항	창	행	망	씨	즈	9
	☀	●	▲	☞	★	☂	♥	☎	✿	■	

찾은 단어

7. 빙고게임

A

바다	제주도	해외여행	여행가방
캐리어	비행기	기차	휴게소
여권	공항버스	여행코스	지도
리조트	유람선	예약	숙소

비행기	리조트	캐리어	휴게소
여권	바다	지도	예약
제주도	유람선	기차	공항버스
여행코스	여행가방	숙소	해외여행

B

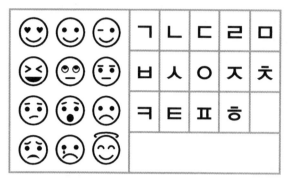

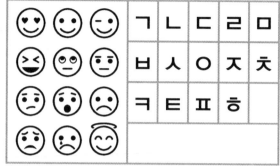

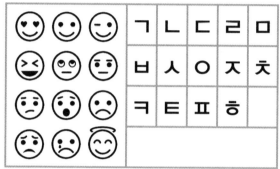

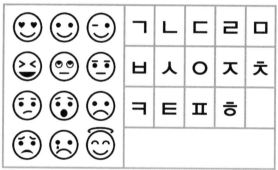

예) 🔑🍎🧢💀🐋 → 암호

ㄱ	ㄴ	ㄷ	ㄹ	ㅁ	ㅂ	ㅅ	ㅇ	ㅈ	ㅊ	ㅋ	ㅌ	ㅍ	ㅎ
🦀	🐱	🌰	🚚	🧢	🦇	⌚	🔑	🦃	🪥	🐘	🐰	🍇	💀

ㅏ	ㅑ	ㅓ	ㅕ	ㅕ	ㅗ	ㅛ	ㅜ	ㅠ	ㅡ	ㅣ	ㅔ	ㅐ
🍎	🧦	❇️	👓	🐋	🦕	⚽	🌷	🚚	🍕	🎂	🐛	

→

→

→

→

→

→

→

→

→

→

→

→

10. 문장 완성하기

A

예) **비행기를 타러** _____ **갑니다.** → **비행기를 타러 공항에 갑니다.**

캠핑을	**갑니다.**			
친구들과	**캠핑을**	**갑니다.**		
친구들과	함께	**캠핑을**	**갑니다.**	
친구들과	함께	숲으로	**캠핑을**	**갑니다.**

사진을	**찍어요.**			
여행	**사진을**	**찍어요.**		
여행	**사진을**	예쁘게	**찍어요.**	
여행	**사진을**	가족과	예쁘게	**찍어요.**

기념품을	**샀어요.**			
여행지에서	**기념품을**	**샀어요.**		
여행지에서	**기념품을**	많이	**샀어요.**	
여행지에서	특이한	**기념품을**	많이	**샀어요.**

322

B

예	이것은 네모난 모양입니다. 이것은 공항에서 사용합니다. 이것은 외국여행을 할 때 꼭 필요합니다. 이것은 두 글자입니다.	정답은? → → →	여권
		→ → →	
		→ → →	
		→ → →	
		→ → →	

봄

● 각 활동의 구체적인 방법은 본 워크북의 친절한 지침서를 참고하세요.

봄하면 떠오르는 것은?

2. 글자 숨바꼭질

🪰 글자들을 연결해서 '봄'과 관련된 낱말을 만들어 보세요.

1) 두 글자 낱말은 모두 몇 개인가요?
2) 세 글자 낱말은 모두 몇 개인가요?
3) '봄'과 관련된 낱말이 아닌 것은?
4) 짝이 없는 글자는 무엇인가요?

진	이	딸	개	로
종	달	반	기	구
개	나	화	래	리
개	노	비	랑	이
나	전	입	란	학
호	리	기	학	색

3. 뒤죽박죽

🪰 글자들이 모두 뒤죽박죽되어 있어요. 바르게 읽어 주세요.

예) **로꾸거** → **거꾸로**

비나	비봄	사황	기딸

꽃벚	싹새	랑노	립튤

물나봄	래달진	일목식	루가꽃

풍소봄	람바봄	리나개	년학새

날이린어	다하뜻따	지먼세미

리구개청	날이버어	이랑지아

4. 연상퀴즈

🪰 낱말들을 보고 생각나는 것을 말해 보세요.

예) **계절 꽃 3월 → 봄**

곤충 훨훨 노랑○○ 흰○○	

동물 폴짝 올챙이 청○○○	

과일 빨간색 ○○우유 ○○쨈	

꽃 병아리 노란색 나리나리_○○○	

가족   카네이션   부모님   5월_8일

학교   김밥   보물찾기   봄○○

봄 건강 마스크 중국 미세먼지

환경   초록   나무_심기   4월_5일

5. 이 빠진 낱말

무슨 낱말인지 알 수가 없어요. 이름을 찾아 주세요.

예) ㅇ 름 → 이름

나 ㅂ	ㅅ 싹	ㅅ 풍

ㄹ 기	개 ㄴ 리	진 ㄹ 래

ㅏ 사	ㅎ ㅂ	꽃 ㅏ ㄹ

ㅓ 목 ㄴ	ㅐ 구 ㄹ	ㄴ 란 색

어 ㄴ 이 ㄹ	미 ㅅ 넌 지	아 ㅈ ㅏㅇ 이

6. 낱말 숨바꼭질

	☀	●	▲	☞	★	☂	♥	☎	✿	■	
1	황	올	개	구	리	챙	봄	나	물	어	1
2	사	소	나	진	달	래	바	비	들	버	2
3	알	풍	리	무	수	살	람	노	짝	이	3
4	폴	러	아	을	심	딸	끼	원	란	날	4
5	어	긋	지	벚	탕	기	랍	연	두	색	5
6	분	린	랑	매	꽃	가	루	식	튤	국	6
7	경	홍	이	삼	샘	새	학	년	목	립	7
8	스	승	의	날	추	싹	놀	원	련	일	8
9	미	세	먼	지	위	통	파	릇	파	릇	9
	☀	●	▲	☞	★	☂	♥	☎	✿	■	

찾은 단어

333

Ⓐ

나비	개구리	봄비	개나리
진달래	새학년	어린이날	봄나물
봄바람	꽃샘추위	꽃구경	아지랑이
황사	꽃가루	식목일	새싹

개나리	봄바람	새학년	꽃샘추위
식목일	진달래	황사	어린이날
아지랑이	나비	봄비	꽃가루
봄나물	새싹	꽃구경	개구리

B

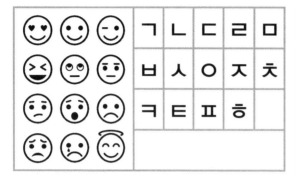

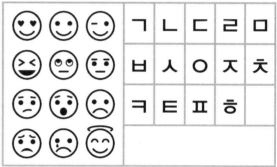

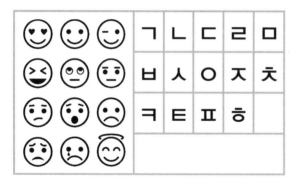
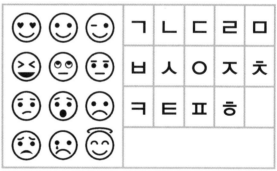

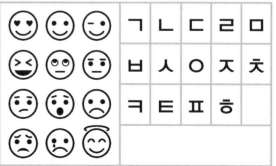

9. 암호퍼즐

예) → 암호

ㄱ	ㄴ	ㄷ	ㄹ	ㅁ	ㅂ	ㅅ	ㅇ	ㅈ	ㅊ	ㅋ	ㅌ	ㅍ	ㅎ

ㅏ	ㅑ	ㅓ	ㅕ	ㅗ	ㅛ	ㅜ	ㅠ	ㅡ	ㅣ	ㅔ	ㅐ

→

→

→

→

→

→

→

→

→

→

→

→

예) **겨울잠 자던** _____ **깨어납니다.** → **겨울잠 자던 개구리가 깨어납니다.**

개구리가	**뜁니다.**			
작은	**개구리가**	**뜁니다.**		
연못에서	작은	**개구리가**	**뜁니다.**	
연못에서	작은	**개구리가**	폴짝폴짝	**뜁니다.**

새싹이	**돋아요.**			
초록	**새싹이**	**돋아요.**		
초록	**새싹이**	푸릇푸릇	**돋아요.**	
나무에	초록	**새싹이**	푸릇푸릇	**돋아요.**

꽃가루가	**날려요.**			
꽃가루가	여기저기	**날려요.**		
하얀색	**꽃가루가**	여기저기	**날려요.**	
하얀색	**꽃가루가**	먼지처럼	여기저기	**날려요.**

B

예	이것은 곤충입니다. 이것은 번데기에서 태어납니다. 이것은 훨훨 납니다. 이것은 두 글자입니다.	정답은? → → →	나비
		→ → →	
		→ → →	
		→ → →	
		→ → →	

여름

● 각 활동의 구체적인 방법은 본 워크북의 친절한 지침서를 참고하세요.

1. 생각그물

여름하면 떠오르는 것은?

2. 글자 숨바꼭질

글자들을 연결해서 '**여름**'과 관련된 낱말을 만들어 보세요.

1) 두 글자 낱말은 모두 몇 개인가요?
2) 세 글자 낱말은 모두 몇 개인가요?
3) '여름'과 관련된 낱말이 아닌 것은?
4) 짝이 없는 글자는 무엇인가요?

수	삼	유	열	여
청	팥	장	니	대
계	영	진	야	빙
반	탕	마	에	폼
모	수	어	팔	기
가	기	겨	컨	음

3. 뒤죽박죽

글자들이 모두 뒤죽박죽되어 있어요. 바르게 읽어 주세요.

예) **로꾸거** → **거꾸로**

곡계	팩쿨	음얼	면냉

탠선	부죽인	약모기	크림선

캉스바	휴가여름	짚모밀자	숙학방제

워크파터	위더찜통	찜래질모	지쾌불수

사래모장	글선스라	수욕장해

화영포공	학방름여	스크이아림

345

4. 연상퀴즈

🪰 낱말들을 보고 생각나는 것을 말해 보세요.

예) **계절 꽃 3월 → 봄**

과일 여름 ○○화채 ○○바	

음식 얼음 과일 팥○○	

더위 바람 빙글빙글 에어컨	

파도 파란색 모래 동해○○	

과일　　보라색　　○○송이　　청○○	

곡식　　수염　　팝콘　　강냉이	

흡혈귀　　○○약　　○○향　　○○장	

햇빛　　보호　　검정색　　눈	

347

5. 이 빠진 낱말

무슨 낱말인지 알 수가 없어요. 이름을 찾아 주세요.

예) ㅇ 름 → 이름

바ㄷ	장 ㅏ	ㅓ위

ㅐ미	열 ㄷ ㅑ	소 ㅎ기

ㅗ기	ㅎ수	삼 ㅔ타

ㅔ어ㄴ	ㅗ나ㄱ	선ㄹㄹ스

ㅎ ㅜ욕장	모ㄹ사ㅇ	고포ㅇ화

6. 낱말 숨바꼭질

	☀	●	▲	☞	★	☔	♥	☎	✿	■	
1	느	구	옥	반	팔	파	에	열	대	야	1
2	티	태	양	수	해	변	란	어	땀	햇	2
3	나	풍	팥	빙	수	영	장	색	컨	빛	3
4	무	더	위	제	욕	얼	마	선	크	림	4
5	매	모	래	사	장	아	음	글	주	여	5
6	미	휴	폭	부	채	공	이	라	바	름	6
7	냉	가	염	선	캡	도	포	스	다	방	7
8	수	면	모	풍	삼	계	탕	영	크	학	8
9	박	소	나	기	자	미	곡	점	화	림	9
	☀	●	▲	☞	★	☔	♥	☎	✿	■	

찾은 단어

A

바다	수영	소나기	장마
수영장	해수욕장	모기	캠핑
부채	무더위	방학숙제	공포영화
여름휴가	열대야	폭염	계곡

모기	부채	여름휴가	방학숙제
열대야	소나기	폭염	수영
무더위	계곡	캠핑	해수욕장
바다	수영장	공포영화	장마

B

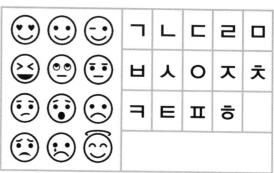

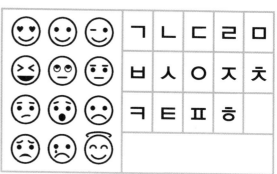

9. 암호퍼즐

예) 🗝🍎🌰💀🦐 → 암호

ㄱ	ㄴ	ㄷ	ㄹ	ㅁ	ㅂ	ㅅ	ㅇ	ㅈ	ㅊ	ㅋ	ㅌ	ㅍ	ㅎ
🦀	🐱	🌰	🚛	🧢	🦇	⌚	🗝	🦃	🪥	🐘	🐰	🍇	💀

ㅏ	ㅑ	ㅓ	ㅕ	ㅕ	ㅗ	ㅛ	ㅜ	ㅠ	ㅡ	ㅣ	ㅖ	ㅐ
🍎	🧦	❄	👓	🐋	🦕	⚽	🌷	🚚	🍕	🎂	🐛	

→

→

→

→

→

→

→

→

예) **시원한** _____ **먹어요.** → **시원한 아이스크림을 먹어요.**

바다에	**갑니다.**			
푸른	**바다에**	**갑니다.**		
푸른	제주도	**바다에**	**갑니다.**	
넓고	푸른	제주도	**바다에**	**갑니다.**

수박을	**먹어요.**			
씨 없는	**수박을**	**먹어요.**		
씨 없는	**수박을**	맛있게	**입어요.**	
빨갛고	씨 없는	**수박을**	맛있게	**입어요.**

매미가	**울어요.**			
매미가	맴맴	**울어요.**		
나무에서	**매미가**	맴맴	**울어요.**	
시골길	나무에서	**매미가**	맴맴	**울어요.**

B

예	이것은 음식입니다. 이것은 주로 여름에 많이 먹습니다. 이것은 시원한 얼음으로 만듭니다. 이것은 두 글자입니다.	정답은? → → →	빙수
		→ → →	
		→ → →	
		→ → →	
		→ → →	

가을

● 각 활동의 구체적인 방법은 본 워크북의 친절한 지침서를 참고하세요.

1. 생각그물

가을하면 떠오르는 것은?

2. 글자 숨바꼭질

🪰 글자들을 연결해서 '**가을**'과 관련된 낱말을 만들어 보세요.

1) 두 글자 낱말은 모두 몇 개인가요?

2) 세 글자 낱말은 모두 몇 개인가요?

3) '가을'과 관련된 낱말이 아닌 것은?

4) 짝이 없는 글자는 무엇인가요?

가	곡	선	추	주
생	을	단	비	수
식	낙	도	님	풍
국	토	엽	차	권
화	보	봄	리	잎
님	름	장	비	달

🪰 글자들이 모두 뒤죽박죽되어 있어요. 바르게 읽어 주세요.

예) **로꾸거** → **거꾸로**

레차	묘성	화국	감단

제축	서독	을노	년풍

풀새억	일과햇	곡오과백	관버광스

미바고천	판금황들	수아비허	코모스스

뚜귀미라	강술강래	구풍단경

굿울굿불	원시다하	람바을가

낱말들을 보고 생각나는 것을 말해 보세요.

예) **계절 꽃 3월 → 봄**

과일 떫다 주황색 홍시 곳○	

한국 명절 옷 저고리	

추석 반달 음식 떡	

4개 말 게임 도개걸윷모	

성묘　차례　강강술래　한가위	

나무　울긋불긋　은행잎　○○나무	

견과류　다람쥐　군○　○송이	

가을　들판　곡식　참새　짚	

5. 이 빠진 낱말

가을

🦟 무슨 낱말인지 알 수가 없어요. 이름을 찾아 주세요.

예) 0 름 → 이름

추 수	구 화	나 엽

추 ㅓ	가 을 ㅂ	곡 시

ㄴ 행 잎	ㅇ 묘	도 ㅗ ㄹ

ㅗ 름 ㄹ	난 ㅇ 잎	ㅎ 편

코 ㅡ 모 ㅡ	ㅇ 강 훌 ㄹ	귀 ㅜ ㅏ 미

364

6. 낱말 숨바꼭질

	☀	●	▲	☞	★	☂	♥	☎	✿	■	
1	은	레	단	감	차	코	뚤	국	홍	청	1
2	과	행	풍	년	귀	강	스	화	곡	시	2
3	일	붕	잎	가	외	뚜	강	모	식	원	3
4	한	글	날	퉁	을	색	라	술	스	하	4
5	가	군	허	수	아	비	보	미	래	다	5
6	위	을	개	밤	천	윷	름	도	토	리	6
7	추	수	바	다	송	놀	달	국	송	학	7
8	절	석	묘	람	노	이	차	례	편	호	8
9	낙	엽	길	쥐	말	을	울	굿	불	굿	9
	☀	●	▲	☞	★	☂	♥	☎	✿	■	

찾은 단어

A

곡식	가을비	울긋불긋	시원하다
가을바람	단풍구경	은행잎	도토리
코스모스	귀뚜라미	허수아비	추석
보름달	황금들판	가을노을	송편

은행잎	코스모스	보름달	가을바람
추석	허수아비	가을비	황금들판
시원하다	울긋불긋	가을노을	귀뚜라미
도토리	송편	단풍구경	곡식

B

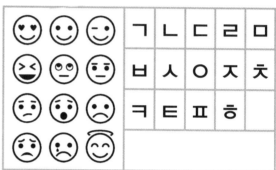

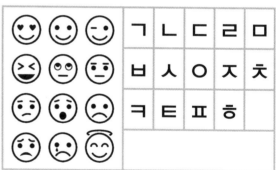

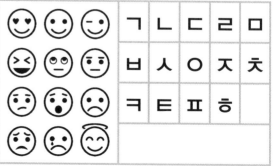

9. 암호퍼즐

예) 🗝️🍎🧢💀🐋 → 암호

ㄱ	ㄴ	ㄷ	ㄹ	ㅁ	ㅂ	ㅅ	ㅇ	ㅈ	ㅊ	ㅋ	ㅌ	ㅍ	ㅎ
🦀	🐈	🥔	🚚	🧢	🦇	⌚	🗝️	🦃	🪥	🐘	🐰	🍇	💀

ㅏ	ㅑ	ㅓ	ㅕ	ㅗ	ㅛ	ㅜ	ㅠ	ㅡ	ㅣ	ㅔ	ㅐ
🍎	🧦	✴️	👓	🐋	🦕	⚽	🌷	🚛	🍕	🎂	🐛

→

→

→

→

→

→

→

→

→

→

→

→

예) _____ 떨어져요. → 나뭇잎이 떨어져요.

귀뚜라미가	울어요.		
가을밤에	귀뚜라미가	울어요.	
깊어 가는	가을밤에	귀뚜라미가	울어요.
깊어 가는	가을밤에	작은	귀뚜라미가	울어요.

은행잎이	물들어요.		
은행잎이	노랗게	물들어요.	
은행나무	은행잎이	노랗게	물들어요.
가을에	은행나무	은행잎이	노랗게	물들어요.

곡식이	익어 가요.		
들판에서	곡식이	익어 가요.	
들판에서	곡식이	한창	익어 가요.
시골	들판에서	곡식이	한창	익어 가요.

B

예	이것은 열매입니다. 이것은 작고 동그란 모양입니다. 이것은 다람쥐가 좋아합니다. 이것은 세 글자입니다.	정답은? → → →	도토리
		→ → →	
		→ → →	
		→ → →	
		→ → →	

겨울

● 각 활동의 구체적인 방법은 본 워크북의 친절한 지침서를 참고하세요.

1. 생각그물

겨울하면 떠오르는 것은?

2. 글자 숨바꼭질

글자들을 연결해서 '**겨울**'과 관련된 낱말을 만들어 보세요.

1) 두 글자 낱말은 모두 몇 개인가요?　　3) '겨울'과 관련된 낱말이 아닌 것은?

2) 세 글자 낱말은 모두 몇 개인가요?　　4) 짝이 없는 글자는 무엇인가요?

붕	장	단	털	폭

장	어	흰	풍	털

갑	빵	목	모	설

떡	자	잎	색	살

마	보	도	장	구

국	갑	자	리	트

글자들이 모두 뒤죽박죽되어 있어요. 바르게 읽어 주세요.

예) **로꾸거** ➡ **거꾸로**

위추	빵호	팩핫	치까

롤캐	떡호	투외	트코

싸눈움	츠부	로난	국떡

사람눈	울잠겨	장스키	뱃돈세

풍온기	썰매눈	트케이스

고군구마	학방울겨	리크스마스

🪰 낱말들을 보고 생각나는 것을 말해 보세요.

예) **계절 꽃 3월 → 봄**

과일 새콤달콤 주황색 제주도	

색깔 밥 눈 우유	

선물 트리 산타 12월_25일	

하얀색 얼굴 나뭇가지 꼬마○○○	

달력　까치　새해　세배　1월_1일

간식　　물고기　　따끈따끈　　팥

요리　　국　　나이　　만두　　설날

놀이　겨울　눈　튜브　○○○장

🪰 무슨 낱말인지 알 수가 없어요. 이름을 찾아 주세요.

예) ㅇ름 → 이름

ㅜ위	외ㅜ	떠 국

ㅡ리	눈ㅅ름	털ㅗㅏ

ㅗ로	사ㅌ	ㅕ풍ㄱ

ㅗ드ㅁ	붕ㅓ빵	누썰ㅐ

군ㅗ구ㅏ	ㅡ리스마ㅡ	서 날

6. 낱말 숨바꼭질

	☀	●	▲	☞	★	☂	♥	☎	✿	■	
1	함	박	눈	짐	귤	롱	패	딩	산	등	1
2	난	로	송	추	위	눈	사	람	타	철	2
3	군	밤	이	크	코	썰	송	울	연	말	3
4	폭	고	선	리	트	매	뚝	이	캐	쓰	4
5	설	날	구	스	키	장	면	상	꽁	롤	5
6	털	장	갑	마	부	츠	코	목	꽁	겨	6
7	모	새	똥	스	케	이	트	도	순	울	7
8	자	해	호	떡	로	왕	흰	리	외	방	8
9	붕	어	빵	호	국	고	드	름	투	학	9
	☀	●	▲	☞	★	☂	♥	☎	✿	■	

찾은 단어

381

추위	스키	눈썰매	눈사람
장갑	털모자	난로	고드름
산타할아버지	겨울방학	크리스마스	설날
떡국	겨울잠	핫팩	세뱃돈

고드름	장갑	설날	산타할아버지
겨울잠	떡국	핫팩	눈썰매
눈사람	스키	세뱃돈	난로
크리스마스	털모자	추위	겨울방학

B

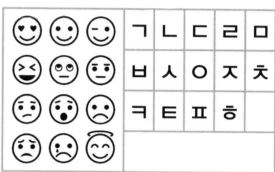
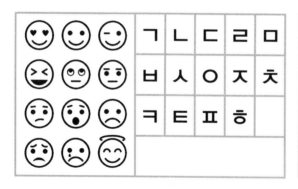
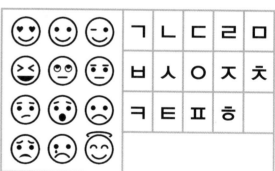

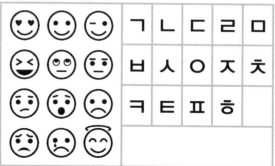

384

예) 🔑🍎🧢💀🦐 → 암호

ㄱ	ㄴ	ㄷ	ㄹ	ㅁ	ㅂ	ㅅ	ㅇ	ㅈ	ㅊ	ㅋ	ㅌ	ㅍ	ㅎ
🦀	🐱	🌰	🚚	🧢	🦇	⌚	🔑	🦃	🪥	🐘	🐰	🍇	💀

ㅏ	ㅑ	ㅓ	ㅕ	ㅗ	ㅛ	ㅜ	ㅠ	ㅡ	ㅣ	ㅔ	ㅐ
🍎	🧦	✳️	👓	🐋	🦕	⚽	🌷	🚚	🍕	🎂	🐛

→

→

→

→

→

→

→

→

→

→

→

예) _____ 탑니다. → 썰매를 탑니다.

눈사람을	**만들어요.**			
친구와	**눈사람을**	**만들어요.**		
친구와	큰	**눈사람을**	**만들어요.**	
친구와	마당에서	큰	**눈사람을**	**만들어요.**

트리에	**달아요.**			
크리스마스	**트리에**	**달아요.**		
크리스마스	**트리에**	별을	**달아요.**	
크리스마스	**트리에**	반짝이는	별을	**달아요.**

붕어빵을	**먹어요.**			
붕어빵을	맛있게	**먹어요.**		
따뜻한	**붕어빵을**	맛있게	**먹어요.**	
팥이 든	따뜻한	**붕어빵을**	맛있게	**먹어요.**

B

예	이 날은 가족이 모입니다. 이 날은 새해입니다. 이 날에 떡국을 먹습니다. 이 날은 두 글자입니다.	정답은? → → →	설날
		→ → →	
		→ → →	
		→ → →	
		→ → →	

정답

[제1부] 달팽이

나

가족

집/동네

음식

옷

주제별 정답

나		
2. 글자 숨바 꼭질	생일 성격 흉터 별명 단짝 이상형 장난감 사는_곳 선생님 지우개 개미 랄 갈 겨	
3. 뒤죽 박죽	이름 나이 성별 성격 흉터 별명 단짝 생일 취미 일기 비밀 선물 생각 실수 거짓말 나의_꿈 이상형 사는곳 내_보물 잘하는_것 어린_시절 나의_패션	
4. 연상 퀴즈	이름 생일 성격 키 나이 별명 취미 주소	
5. 이 빠진 낱말	보물 별명 주소 생일 키 혈액형 취미 성격 성별 학교 나쁜_습관 나이 버릇 이상형 장래희망	
6. 낱말 숨바 꼭질	성격 별명 키 장점 단점 단짝 나이 이상형 전화번호 사는_곳 주소 취미 내_방 나의_꿈 생일 형제 형 동생 친구 실수 거짓말 생각 악몽 흉터 비밀 일기 패션 캐릭터 보물 미래 잘하는_것	
9. 암호 퍼즐	생일 단짝 취미 성별 내_보물 만화 나이 성격 별명 사는_곳 일기 내_방	

가족		
2. 글자 숨바 꼭질	엄마 아빠 외식 약속 대가족 할머니 잔소리 꾸지람 교실 호랑이 수박 생 거 노	
3. 뒤죽 박죽	명절 용돈 조카 주말 화목 형제 자매 대화 이모 감사 생신 싸움 심부름 대가족 잔소리 부모님 고모부 결혼식 가족여행 할아버지 가족사진 외할머니	
4. 연상 퀴즈	친척 동생 잔소리 칭찬 용돈 결혼(식) 사촌 부모님	
5. 이 빠진 낱말	엄마 칭찬 조카 사촌 고모부 삼촌 아빠 생신 결혼식 돌잔치 동생 이모 어버이날 어린이날 할머니	
6. 낱말 숨바 꼭질	부모님 엄마 아빠 아들 딸 부부 할아버지 외할머니 친척 대가족 화목 가훈 조카 결혼식 이모 고모 손자 손녀 남동생 여동생 삼촌 숙모 며느리 자매 형제 사촌 용돈 심부름 잔소리 생신 외식 사진	
9. 암호 퍼즐	칭찬 감사 사랑 외식 핵가족 할머니 동생 고모 생신 사진 조카 부모님	

집/동네

2. 글자 숨바 꼭질	거실 부엌 소파 침대 편의점 화장실 놀이터 아파트 기침 개구리 줄넘기 쇼 슈
3. 뒤죽 박죽	빌라 극장 공원 은행 내방 식탁 맛집 식당 교회 이사 휴식 컴퓨터 우체국 소방서 경찰서 주차장 문방구 편의점 텔레비전 어린이집 초등학교 버스정류장
4. 연상 퀴즈	아파트 냉장고 부엌 청소기 화장실 침대 세탁기 거실
5. 이 빠진 낱말	주차장 극장 부엌 은행 유치원 우체국 소파 내방 컴퓨터 소방서 화장실 빵가게 초등학교 놀이터 휴식
6. 낱말 숨바 꼭질	은행 공원 교회 초등학교 편의점 경찰서 소방서 우체국 문구점 유치원 어린이집 학교 버스정류장 빌라 주차장 거실 화장실 책상 침대 텔레비전 드라이기 냉장고 컴퓨터 에어컨 소파 청소기 세탁기
9. 암호 퍼즐	현관 공원 이사 편하다 에어컨 문구점 소파 식당 빌라 선풍기 빵가게 주차장

음식

2. 글자 숨바 꼭질	김치 우동 김밥 튀김 떡볶이 비빔밥 닭강정 설렁탕 공부 교실 모래 소 성 강 이
3. 뒤죽 박죽	피자 짬뽕 순대 우동 짜장면 볶음밥 삼겹살 갈비탕 돈가스 도시락 햄버거 탕수육 배고프다 스테이크 스파게티 유부초밥 된장찌개 샌드위치 생선초밥 새콤달콤 철판볶음밥 양념치킨
4. 연상 퀴즈	김밥 케이크 잡채 떡볶이 튀김 국수 햄버거 비빔밥
5. 이 빠진 낱말	김치 카레 피자 만두 삼겹살 돈가스 케이크 떡볶이 닭강정 탕수육 라면 볶음밥 샌드위치 생선초밥 김치찌개
6. 낱말 숨바 꼭질	냉면 쫄면 라면 미역국 떡국 떡볶이 삼겹살 카레 도시락 탕수육 된장찌개 불고기 순대 스파게티 돈가스 햄버거 샌드위치 샐러드 닭강정 후식 튀김 우동 유부초밥 비빔밥 칼국수 잡채 삼각김밥
9. 암호 퍼즐	냉면 만두 돈가스 달다 쓰다 핫도그 카레 빙수 어묵 과자 시다 탄산

옷

2. 글자 숨바 꼭질	긴팔 한복 잠옷 양복 원피스 수영복 롱패딩 스웨터 주사기 약국 병원 막 빨 아
3. 뒤죽 박죽	내복 교복 외투 패딩 코트 조끼 정장 우비 잠옷 신발 구두 샌들 체육복 유니폼 실내화 세탁기 블라우스 전통의상 디자이너 와이셔츠 웨딩드레스 신체치수
4. 연상 퀴즈	드레스 세탁기 넥타이 장화 바지 운동화 다리미 옷
5. 이 빠진 낱말	바지 파카 조끼 모자 드레스 청바지 교복 한복 수영복 반바지 운동화 넥타이 블라우스 와이셔츠 세탁소
6. 낱말 숨바 꼭질	패션 패딩 롱패딩 코트 블라우스 후드티 드레스 원피스 허리띠 스웨터 조끼 한복 교복 내복 잠옷 양복 와이셔츠 티셔츠 청바지 반바지 치마 신발 부츠 장화 수영복 운동화 구두 모자 장갑 넥타이
9. 암호 퍼즐	바지 장화 목도리 장갑 스타킹 빨래 세제 세탁기 츄리닝 모자 거울 구두

활동별 정답

정답-2. 글자 숨바꼭질

주제목록		두 글자 낱말	세 글자 낱말	다른 범주 낱말	짝없는 글자
1-1	나	생일 성격 흉터 별명 단짝	이상형 장난감 사는_곳	선생님 지우개 개미	랄 갈 겨
1-2	가족	엄마 아빠 외식 약속	대가족 할머니 잔소리 꾸지람	교실 호랑이 수박	생 거 노
1-3	집/동네	거실 부엌 소파 침대	편의점 화장실 놀이터 아파트	기침 개구리 줄넘기	쇼 슈
1-4	음식	김치 우동 김밥 튀김	떡볶이 비빔밥 닭강정 설렁탕	공부 교실 모래	소 성 강 이
1-5	옷	긴팔 한복 잠옷 양복	원피스 수영복 롱패딩 스웨터	주사기 약국 병원	막 빨 아

정답-3. 뒤죽박죽

1-1	나	이름 나이 성별 성격 흉터 별명 단짝 생일 취미 일기 비밀 선물 생각 실수 거짓말 나의_꿈 이상형 사는_곳 내_보물 잘하는_것 어린_시절 나의_패션
1-2	가족	명절 용돈 조카 주말 화목 형제 자매 대화 이모 감사 생신 싸움 심부름 대가족 잔소리 부모님 고모부 결혼식 가족여행 할아버지 가족사진 외할머니
1-3	집/동네	빌라 극장 공원 은행 내방 식탁 맛집 식당 교회 이사 휴식 컴퓨터 우체국 소방서 경찰서 주차장 문방구 편의점 텔레비전 어린이집 초등학교 버스정류장
1-4	음식	피자 짬뽕 순대 우동 짜장면 볶음밥 삼겹살 갈비탕 돈가스 도시락 햄버거 탕수육 배고프다 스테이크 스파게티 유부초밥 된장찌개 샌드위치 생선초밥 새콤달콤 철판볶음밥 양념치킨
1-5	옷	내복 교복 외투 패딩 코트 조끼 정장 우비 잠옷 신발 구두 샌들 체육복 유니폼 실내화 세탁기 블라우스 전통의상 디자이너 와이셔츠 웨딩드레스 신체치수

정답-5. 이 빠진 낱말

1-1	나	보물 별명 주소 생일 키 혈액형 취미 성격 성별 학교 나쁜_습관 나이 버릇 이상형 장래희망
1-2	가족	엄마 칭찬 조카 사촌 고모부 삼촌 아빠 생신 결혼식 돌잔치 동생 이모 어버이날 어린이날 할머니
1-3	집/동네	주차장 극장 부엌 은행 유치원 우체국 소파 내방 컴퓨터 소방서 화장실 빵가게 초등학교 놀이터 휴식
1-4	음식	김치 카레 피자 만두 삼겹살 돈가스 케이크 떡볶이 닭강정 탕수육 라면 볶음밥 샌드위치 생선초밥 김치찌개
1-5	옷	바지 파카 조끼 모자 드레스 청바지 교복 한복 수영복 반바지 운동화 넥타이 블라우스 와이셔츠 세탁소

정답-4. 연상퀴즈

1-1	나	이름 생일 성격 키	나이 별명 취미 주소
1-2	가족	친척 동생 잔소리 칭찬	용돈 결혼(식) 사촌 부모님
1-3	집/동네	아파트 냉장고 부엌 청소기	화장실 침대 세탁기 거실
1-4	음식	김밥 케이크 잡채 떡볶이	튀김 국수 햄버거 비빔밥
1-5	옷	드레스 세탁기 넥타이 장화	바지 운동화 다리미 옷

정답-6. 낱말 숨바꼭질

1-1	나	성격 별명 키 장점 단점 단짝 나이 이상형 전화번호 사는_곳 주소 취미 내_방 나의_꿈 생일 형제 형 동생 친구 실수 거짓말 생각 악몽 흉터 비밀 일기 패션 캐릭터 보물 미래 잘하는_것
1-2	가족	부모님 엄마 아빠 아들 딸 부부 할아버지 외할머니 친척 대가족 화목 가훈 조카 결혼식 이모 고모 손자 손녀 남동생 여동생 삼촌 숙모 며느리 자매 형제 사촌 용돈 심부름 잔소리 생신 외식 사진
1-3	집/동네	은행 공원 교회 초등학교 편의점 경찰서 소방서 우체국 문구점 유치원 어린이집 버스정류장 빌라 주차장 거실 화장실 책상 침대 텔레비전 드라이기 냉장고 컴퓨터 에어컨 소파 청소기 세탁기
1-4	음식	냉면 쫄면 라면 미역국 떡국 떡볶이 삼겹살 카레 도시락 탕수육 된장찌개 불고기 순대 스파게티 돈가스 햄버거 샌드위치 샐러드 닭강정 후식 튀김 우동 유부초밥 비빔밥 칼국수 잡채 삼각김밥
1-5	옷	패션 패딩 롱패딩 코트 블라우스 후드티 드레스 원피스 허리띠 스웨터 조끼 한복 교복 내복 잠옷 양복 와이셔츠 티셔츠 청바지 반바지 치마 신발 부츠 장화 수영복 운동화 구두 모자 장갑 넥타이

정답-9. 암호퍼즐

1-1	나	생일 단짝 취미 성별 내_보물 만화	나이 성격 별명 사는_곳 일기 내_방
1-2	가족	칭찬 감사 사랑 외식 핵가족 할머니	동생 고모 생신 사진 조카 부모님
1-3	집/동네	현관 공원 이사 편하다 에어컨 문구점	소파 식당 빌라 선풍기 빵가게 주차장
1-4	음식	냉면 만두 돈가스 달다 쓰다 핫도그	카레 빙수 어묵 과자 시다 탄산
1-5	옷	바지 장화 목도리 장갑 스타킹 빨래	세제 세탁기 츄리닝 모자 거울 구두

[제2부] 나비

동물

탈것

놀이

마트/백화점

학교

주제별 정답

동물		
2. 글자 숨바 꼭질		사자 악어 토끼 펭귄 호랑이 코끼리 동물원 달팽이 반찬 미역국 순대 설 철 음
3. 뒤죽 박죽		오리 기린 하마 낙타 판다 여우 늑대 염소 돼지 상어 고래 치타 애벌레 고양이 잠자리 지렁이 코뿔소 올빼미 코알라 나무늘보 이구아나 쇠똥구리
4. 연상 퀴즈		펭귄 개구리 토끼 다람쥐 닭 고양이 곰 호랑이
5. 이 빠진 낱말		사자 악어 펭귄 낙타 치타 거북 기린 사슴 오징어 너구리 부엉이 동물원 고슴도치 나무늘보 이구아나
6. 낱말 숨바 꼭질		호랑이 오랑우탄 거북이 원숭이 판다 토끼 고릴라 도마뱀 고슴도치 이구아나 나무늘보 여우 공룡 코뿔소 코알라 하마 사슴벌레 악어 달팽이 기린 올빼미 낙타 타조 다람쥐 독수리 사파리 수의사
9. 암호 퍼즐		생쥐 타조 거미 해마 물개 정글 곤충 개미 메뚜기 개구리 사육사 수의사

탈것		
2. 글자 숨바 꼭질		택시 트럭 기차 보트 킥보드 견인차 경찰차 잠수함 학교 컴퓨터 필통 드 볼 줄
3. 뒤죽 박죽		버스 기차 비행기 돛단배 자전거 자동차 지게차 지하철 굴착기 유람선 레이싱카 스포츠카 고속열차 고속버스 모범택시 오토바이 헬리콥터 마을버스 공항버스 학원버스 덤프트럭 포크레인
4. 연상 퀴즈		소방차 버스 기차 자전거 택시 지하철 비행기 배
5. 이 빠진 낱말		기차 택시 트럭 버스 자가용 불도저 소방차 자전거 구급차 비행기 경찰차 유람선 공항버스 학원버스 오토바이
6. 낱말 숨바 꼭질		비행기 기차 지하철 버스 자동차 모범택시 잠수함 경찰차 소방차 구급차 자전거 킥보드 오토바이 헬리콥터 지게차 레미콘 포크레인 불도저 견인차 트럭 돛단배 보트 요트 전기차 바퀴 안전벨트
9. 암호 퍼즐		전기차 크레인 구급차 소방차 청소차 탱크 견인차 자전거 버스 요트 지하철 여객선

놀이

2. 글자 숨바 꼭질	찰흙 게임 그네 시소 레고 도미노 묵찌빠 만들기 숙제 김치 국회의원 서 각 장
3. 뒤죽 박죽	친구 체스 장기 물총 딱지 레고 팽이 인형 바둑 쌀보리 놀이터 장난감 정글짐 티비보기 색종이 보드게임 끝말잇기 카드게임 역할놀이 술래잡기 빙고게임 컴퓨터게임
4. 연상 퀴즈	놀이터 친구 컴퓨터 딱지 보드게임 바둑 끝말잇기 유튜브
5. 이 빠진 낱말	게임 그네 레고조립 찰흙놀이 비눗방울 컴퓨터게임 인형놀이 빙고 팽이치기 놀이터 모래놀이 소꿉놀이 보드게임 딱지치기 수수께끼
6. 낱말 숨바 꼭질	가위바위보 주사위 컴퓨터게임 메모리게임 보드게임 빙고게임 모래놀이 연날리기 종이접기 레고 로봇 자동차 물총 소꿉놀이 술래잡기 미끄럼틀 시소 그네 놀이터 딱지치기 슬라임 쌀보리 묵찌빠
9. 암호 퍼즐	구슬 모래 도미노 딱지 체스 유튜브 오목 게임 친구 놀이터 만들기 알까기

마트/백화점

2. 글자 숨바 꼭질	생선 과자 간식 과일 화장품 영수증 주차장 홈쇼핑 축구 볼링 핸드볼 숙 기 은
3. 뒤죽 박죽	간식 의류 잡화 야채 신발 할인 구경 약국 홈쇼핑 마네킹 건어물 사이즈 대형마트 냉동식품 베이커리 장바구니 과일코너 액세서리 전자제품 엘리베이터 백화점명품관 인터넷쇼핑
4. 연상 퀴즈	우유 라면 백화점 선물 택배 할인 쇼핑 영수증
5. 이 빠진 낱말	세일 반찬 쇼핑 교환 구경 영수증 물건 쿠폰 사이즈 주차장 건어물 마네킹 쇼핑카트 야채코너 냉동식품
6. 낱말 숨바 꼭질	할인 세일 쿠폰 택배 쇼핑카트 장바구니 구경 시장 주차장 엘리베이터 사이즈 카드 영수증 계산 가격 점원 약국 식당 카페 가구 베이커리 장난감 선물 과일 액세서리 화장품 전자제품
9. 암호 퍼즐	생선 식당 주차장 세일 카트 점원 라면 반찬 쿠폰 쇼핑 카드 마트

학교

2. 글자 숨바 꼭질	교실 모둠 결석 책가방 체육대회 여름방학 운동장 오목 빵가게 유치원 상 대
3. 뒤죽 박죽	수업 급식 시험 등교 숙제 짝꿍 발표 왕따 교실 조퇴 공부 교문 시간표 교과서 사물함 책가방 운동장 쉬는_시간 스승의날 체험학습 방과후수업 겨울방학
4. 연상 퀴즈	방학 책가방 교실 급식 운동회 도서관 선생님 등교
5. 이 빠진 낱말	교실 급식 소풍 숙제 학용품 도서관 칠판 결석 준비물 운동장 선생님 책가방 여름방학 체육대회 시간표
6. 낱말 숨바 꼭질	초등학교 방과후수업 교장선생님 담임선생님 스승의날 체험학습 교실 교무실 숙제 시험 방학 책상 책가방 실내화 반장 결석 조퇴 등교 교문 교과서 연필깎이 형광펜 볼펜 연습장 알림장
9. 암호 퍼즐	칠판 실내화 방학 지각 등교 공책 필통 공부 국어 모둠 교가 시험

활동별 정답

정답-2. 글자 숨바꼭질

주제목록	두 글자 낱말	세 글자 낱말	다른 범주 낱말	짝없는 글자
2-1 동물	사자 악어 토끼 펭귄	호랑이 코끼리 동물원 달팽이	반찬 미역국 순대	설 철 음
2-2 탈것	택시 트럭 기차 보트	킥보드 견인차 경찰차 잠수함	학교 컴퓨터 필통	드 볼 줄
2-3 놀이	찰흙 게임 그네 시소 레고	도미노 묵찌빠 만들기	숙제 김치 국회의원	서 각 장
2-4 마트/백화점	생선 과자 간식 과일	화장품 영수증 주차장 홈쇼핑	축구 볼링 핸드볼	숙 기 은
2-5 학교	교실 모둠 결석	책가방 체육대회 여름방학 운동장	오목 빵가게 유치원	상 대

정답-3. 뒤죽박죽

2-1 동물	오리 기린 하마 낙타 판다 여우 늑대 염소 돼지 상어 고래 치타 애벌레 고양이 잠자리 지렁이 코뿔소 올빼미 코알라 나무늘보 이구아나 쇠똥구리
2-2 탈것	버스 기차 비행기 돛단배 자전거 자동차 지게차 지하철 굴착기 유람선 레이싱카 스포츠카 고속열차 고속버스 모범택시 오토바이 헬리콥터 마을버스 공항버스 학원버스 덤프트럭 포크레인
2-3 놀이	친구 체스 장기 물총 딱지 레고 팽이 인형 바둑 쌀보리 놀이터 장난감 정글짐 티비보기 색종이 보드게임 끝말잇기 카드게임 역할놀이 술래잡기 빙고게임 컴퓨터게임
2-4 마트/백화점	간식 의류 잡화 야채 신발 할인 구경 약국 홈쇼핑 마네킹 건어물 사이즈 대형마트 냉동식품 베이커리 장바구니 과일코너 액세서리 전자제품 엘리베이터 백화점명품관 인터넷쇼핑
2-5 학교	수업 급식 시험 등교 숙제 짝꿍 발표 왕따 교실 조회 공부 교문 시간표 교과서 사물함 책가방 운동장 쉬는_시간 스승의날 체험학습 방과후수업 겨울방학

정답-5. 이 빠진 낱말

2-1 동물	사자 악어 펭귄 낙타 치타 거북 기린 사슴 오징어 너구리 부엉이 동물원 고슴도치 나무늘보 이구아나
2-2 탈것	기차 택시 트럭 버스 자가용 불도저 소방차 자전거 구급차 비행기 경찰차 유람선 공항버스 학원버스 오토바이
2-3 놀이	게임 그네 레고조립 찰흙놀이 비눗방울 컴퓨터게임 인형놀이 빙고 팽이치기 놀이터 모래놀이 소꿉놀이 보드게임 딱지치기 수수께끼
2-4 마트/백화점	세일 반찬 쇼핑 교환 구경 영수증 물건 쿠폰 사이즈 주차장 건어물 마네킹 쇼핑카트 야채코너 냉동식품
2-5 학교	교실 급식 소풍 숙제 학용품 도서관 칠판 결석 준비물 운동장 선생님 책가방 여름방학 체육대회 시간표

정답-4. 연상퀴즈

2-1	동물	펭귄 개구리 토끼 다람쥐	닭 고양이 곰 호랑이
2-2	탈것	소방차 버스 기차 자전거	택시 지하철 비행기 배
2-3	놀이	놀이터 친구 컴퓨터 딱지	보드게임 바둑 끝말잇기 유튜브
2-4	마트/백화점	우유 라면 백화점 선물	택배 할인 쇼핑 영수증
2-5	학교	방학 책가방 교실 급식	운동회 도서관 선생님 등교

정답-6. 낱말 숨바꼭질

2-1	동물	호랑이 오랑우탄 거북이 원숭이 판다 토끼 고릴라 도마뱀 고슴도치 이구아나 나무늘보 여우 공룡 코뿔소 코알라 하마 사슴벌레 악어 달팽이 기린 올빼미 낙타 타조 다람쥐 독수리 샤파리 수의사
2-2	탈것	비행기 기차 지하철 버스 자동차 모범택시 잠수함 경찰차 소방차 구급차 자전거 킥보드 오토바이 헬리콥터 지게차 레미콘 포크레인 불도저 견인차 트럭 돛단배 보트 요트 전기차 바퀴 안전벨트
2-3	놀이	가위바위보 주사위 컴퓨터게임 메모리게임 보드게임 빙고게임 모래놀이 연날리기 종이접기 레고 로봇 자동차 물총 소꿉놀이 술래잡기 미끄럼틀 시소 그네 놀이터 딱지치기 슬라임 쌀보리 묵찌빠
2-4	마트/백화점	할인 세일 쿠폰 택배 쇼핑카트 장바구니 구경 시장 주차장 엘리베이터 사이즈 카드 영수증 계산 가격 점원 약국 식당 카페 가구 베이커리 장난감 선물 과일 액세서리 화장품 전자제품
2-5	학교	초등학교 방과후수업 교장선생님 담임선생님 스승의날 체험학습 교실 교무실 숙제 시험 방학 책상 책가방 실내화 반장 결석 조퇴 등교 교문 교과서 연필깎이 형광펜 볼펜 연습장 알림장

정답-9. 암호퍼즐

2-1	동물	생쥐 타조 거미 해마 물개 정글	곤충 개미 메뚜기 개구리 사육사 수의사
2-2	탈것	전기차 크레인 구급차 소방차 청소차 탱크	견인차 자전거 버스 요트 지하철 여객선
2-3	놀이	구슬 모래 도미노 딱지 체스 유튜브	오목 게임 친구 놀이터 만들기 알까기
2-4	마트/백화점	생선 식당 주차장 세일 카트 점원	라면 반찬 쿠폰 쇼핑 카드 마트
2-5	학교	칠판 실내화 방학 지각 등교 공책	필통 공부 국어 모둠 교가 시험

[제3부] 나무늘보

공부

직업/꿈

운동

감정

건강

주제별 정답

공부	
2. 글자 숨바 꼭질	학교 학원 논술 연산 문제집 선생님 성적표 독서실 선크림 손전등 검도 색 바
3. 뒤죽 박죽	시험 숙제 교실 학원 예습 국어 짜증 피곤 노트 필기 문제 복습 교과서 학용품 형광펜 문제집 독서실 성적표 수행평가 받아쓰기 필기도구 단원평가
4. 연상 퀴즈	학교 수학 수업 학원 영어 시험 국어 과학
5. 이 빠진 낱말	시험 학원 영어 수업 국어 논술 성적표 문제 연산 독서록 짜증 수학 수행평가 단원평가 받아쓰기
6. 낱말 숨바 꼭질	학교 학원 숙제 과제 문제집 발표 시험 점수 성적 집중 책상 교과서 국어 영어 읽기 독서록 논술 수행평가 받아쓰기 수업시간 학용품 공책 연습장 연필깎이 필기도구 볼펜 형광펜 짜증 피곤 스트레스
9. 암호 퍼즐	책 책상 영어 시간표 연산 숙제 잠 시험지 복습 정리 수업 발표

직업/꿈	
2. 글자 숨바 꼭질	의사 가수 배우 화가 선생님 유튜버 요리사 미용사 고모 할머니 나이 국 뱌 공
3. 뒤죽 박죽	검사 군인 모델 기자 작가 판사 농부 어부 과학자 요리사 간호사 조종사 소방관 경찰관 연예인 수의사 디자이너 아나운서 엔지니어 운동선수 우주비행사 프로그래머
4. 연상 퀴즈	요리사 간호사 소방관 판사 연예인 군인 아나운서 경찰관
5. 이 빠진 낱말	농부 의사 화가 기자 선생님 외교관 어부 배우 개그맨 변호사 요리사 아나운서 디자이너 엔지니어 회사원
6. 낱말 숨바 꼭질	예술가 음악가 성악가 디자이너 화가 기자 캐릭터 작가 건축가 모델 운동선수 마술사 선생님 간호사 은행원 판사 사육사 수의사 약사 경찰관 대통령 농부 어부 아나운서 정치가 변호사 소방관 군인 요리사 연예인
9. 암호 퍼즐	작가 모델 정치가 변호사 과학자 유튜버 비서 간호사 성악가 마술사 사진사 발명가

운동

2. 글자 숨바 꼭질	볼링 건강 배구 축구 태권도 줄넘기 핸드볼 운동장 기차 비행기 버스 서 가 쿡
3. 뒤죽 박죽	응원 육상 피구 양궁 볼링 골프 씨름 펜싱 레슬링 마라톤 달리기 자전거 몸무게 경기장 야구장 암벽등반 다이어트 에어로빅 아이스하키 스케이트 운동선수 배드민턴
4. 연상 퀴즈	야구 축구 골프 줄넘기 씨름 스키 수영 태권도
5. 이 빠진 낱말	체조 배구 유도 골프 줄넘기 올림픽 탁구 야구 몸무게 운동장 응원 씨름 체육시간 스케이트 배드민턴
6. 낱말 숨바 꼭질	운동선수 응원 경기장 운동장 체육 마라톤 조깅 축구 야구 탁구 배구 피구 골프 수영 볼링 태권도 검도 유도 씨름 레슬링 테니스 배드민턴 줄넘기 훌라후프 에어로빅 요가 헬스 스케이트
9. 암호 퍼즐	농구 배구 스키 유도 요가 등산 테니스 조깅 체육 수영 마라톤 농구장

감정

2. 글자 숨바 꼭질	감동 행복 우울 기쁨 말다툼 시시함 슬프다 뿌듯함 된장 신발 원피스 짝 또 싸
3. 뒤죽 박죽	행복 분노 사랑 미움 우울 걱정 존경 기쁨 무섭다 속상함 서럽다 시시함 놀랍다 즐겁다 반갑다 슬프다 서글프다 당황하다 짜증나다 쑥스럽다 서운하다 후련하다
4. 연상 퀴즈	웃음 걱정 싸움 희망 사랑 울음 공포 행복
5. 이 빠진 낱말	기쁨 기대 웃음 행복 존경 고민 걱정 우울 미소 공포 아쉽다 슬픔 초조하다 억울하다 쑥스럽다
6. 낱말 숨바 꼭질	반가운 즐거운 무서운 자랑스러움 감동 실망 희망 울음 웃음 행복 공포 속마음 그리움 싸움 미안함 부끄럽다 서럽다 서운함 짜증 걱정거리 한숨 슬픔 고마움 두려움 기대 고민 기쁨 억울 사랑 불행
9. 암호 퍼즐	피곤 실망 지루한 후회 창피 답답 슬픈 외로운 미안한 걱정 뭉클 그리움

건강

2. 글자 숨바 꼭질	병원 입원 약국 환자 간호사 청진기 소아과 반창고 야채 과일 홈쇼핑 학 옷 복
3. 뒤죽 박죽	퇴원 폐렴 처방 치과 예약 깁스 비염 마취 꽃가루 손씻기 휠체어 식습관 비타민 식중독 피부병 유산균 대형병원 정형외과 건강검진 예방주사 엑스레이 건강식품
4. 연상 퀴즈	병원 감기 잠 청진기 치과 약 알레르기 비타민
5. 이 빠진 낱말	충치 감기 입원 의사 반창고 비타민 눈병 기침 청진기 주사 소아과 환자 엑스레이 건강검진 예방주사
6. 낱말 숨바 꼭질	병원 입원 마취 깁스 수술 치료 청진기 처방전 건강검진 엑스레이 환자 죽음 휠체어 반창고 밴드 눈병 기침 피부병 비염 장염 콧물 물약 가루약 비타민 연고 소아과 치과 충치 의사 간호사
9. 암호 퍼즐	운동 검사 수술 의사 감기 기침 독감 링거 해열제 진료 중이염 처방전

활동별 정답

정답-2. 글자 숨바꼭질

주제목록		두 글자 낱말	세 글자 낱말	다른 범주 낱말	짝없는 글자
3-1	공부	학교 학원 논술 연산	문제집 선생님 성적표 독서실	선크림 손전등 검도	색 바
3-2	직업/꿈	의사 가수 배우 화가	선생님 유튜버 요리사 미용사	고모 할머니 나이	국 뱌 공
3-3	운동	볼링 건강 배구 축구	태권도 줄넘기 핸드볼 운동장	기차 비행기 버스	서 가 쿡
3-4	감정	감동 행복 우울 기쁨	말다툼 시시함 슬프나 뿌듯함	된장 신발 원피스	짝 또 싸
3-5	건강	병원 입원 약국 환자	간호사 청진기 소아과 반창고	야채 과일 홈쇼핑	학 옷 복

정답-3. 뒤죽박죽

3-1	공부	시험 숙제 교실 학원 예습 국어 짜증 피곤 노트 필기 문제 복습 교과서 학용품 형광펜 문제집 독서실 성적표 수행평가 받아쓰기 필기도구 단원평가
3-2	직업/꿈	검사 군인 모델 기자 작가 판사 농부 어부 과학자 요리사 간호사 조종사 소방관 경찰관 연예인 수의사 디자이너 아나운서 엔지니어 운동선수 우주비행사 프로그래머
3-3	운동	응원 육상 파구 양궁 볼링 골프 씨름 펜싱 레슬링 마라톤 달리기 자전거 몸무게 경기장 야구장 암벽등반 다이어트 에어로빅 아이스하키 스케이트 운동선수 배드민턴
3-4	감정	행복 분노 사랑 미움 우울 걱정 존경 기쁨 무섭다 속상함 서럽다 시시함 놀랍다 즐겁다 반갑다 슬프다 서글프다 당황하다 짜증나다 쑥스럽다 서운하다 후련하다
3-5	건강	퇴원 폐렴 처방 치과 예약 깁스 비염 마취 꽃가루 손씻기 휠체어 식습관 비타민 식중독 피부병 유산균 대형병원 정형외과 건강검진 예방주사 엑스레이 건강식품

정답-5. 이 빠진 낱말

3-1	공부	시험 학원 영어 수업 국어 논술 성적표 문제 연산 독서록 짜증 수학 수행평가 단원평가 받아쓰기
3-2	직업/꿈	농부 의사 화가 기자 선생님 외교관 어부 배우 개그맨 변호사 요리사 아나운서 디자이너 엔지니어 회사원
3-3	운동	체조 배구 유도 골프 줄넘기 올림픽 탁구 야구 몸무게 운동장 응원 씨름 체육시간 스케이트 배드민턴
3-4	감정	기쁨 기대 웃음 행복 존경 고민 걱정 우울 미소 공포 아쉽다 슬픔 초조하다 억울하다 쑥스럽다
3-5	건강	충치 감기 입원 의사 반창고 비타민 눈병 기침 청진기 주사 소아과 환자 엑스레이 건강검진 예방주사

정답-4. 연상퀴즈

3-1	공부	학교 수학 수업 학원	영어 시험 국어 과학
3-2	직업/꿈	요리사 간호사 소방관 판사	연예인 군인 아나운서 경찰관
3-3	운동	야구 축구 골프 줄넘기	씨름 스키 수영 태권도
3-4	감정	웃음 걱정 싸움 희망	사랑 울음 공포 행복
3-5	건강	병원 감기 잠 청진기	치과 약 알레르기 비타민

정답-6. 낱말 숨바꼭질

3-1	공부	학교 학원 숙제 과제 문제집 발표 시험 점수 성적 집중 책상 교과서 국어 영어 읽기 독서록 논술 수행평가 받아쓰기 수업시간 학용품 공책 연습장 연필깎이 필기도구 볼펜 형광펜 짜증 피곤 스트레스
3-2	직업/꿈	예술가 음악가 성악가 디자이너 화가 기자 카레이서 작가 건축가 모델 운동선수 미술사 선생님 간호사 은행원 판사 사육사 수의사 약사 경찰관 대통령 농부 어부 아나운서 정치가 변호사 소방관 군인 요리사 연예인
3-3	운동	운동선수 응원 경기장 운동장 체육 마라톤 조깅 축구 야구 탁구 배구 피구 골프 수영 볼링 태권도 검도 유도 씨름 레슬링 테니스 배드민턴 줄넘기 훌라후프 에어로빅 요가 헬스 스케이트
3-4	감정	반가운 즐거운 무서운 자랑스러움 감동 실망 희망 울음 웃음 행복 공포 속마음 그리움 싸움 미안함 부끄럽다 서럽다 서운함 짜증 걱정거리 한숨 슬픔 고마움 두려움 기대 고민 기쁨 억울 사랑 불행
3-5	건강	병원 입원 마취 깁스 수술 치료 청진기 처방전 건강검진 엑스레이 환자 죽음 휠체어 반창고 밴드 눈병 기침 피부병 비염 장염 콧물 물약 가루약 비타민 연고 소아과 치과 충치 의사 간호사

정답-9. 암호퍼즐

3-1	공부	책 책상 영어 시간표 연산 숙제	잠 시험지 복습 정리 수업 발표
3-2	직업/꿈	작가 모델 정치가 변호사 과학자 유튜버	비서 간호사 성악가 미술사 사진사 발명가
3-3	운동	농구 배구 스키 유도 요가 등산	테니스 조깅 체육 수영 마라톤 농구장
3-4	감정	피곤 실망 지루한 후회 창피 답답	슬픈 외로운 미안한 걱정 뭉클 그리움
3-5	건강	운동 검사 수술 의사 감기 기침	독감 링거 해열제 진료 중이염 처방전

[제4부] 잠자리

여행

봄

여름

가을

겨울

주제별 정답

여행	
2. 글자 숨바 꼭질	펜션 관광 공항 날씨 비행기 기념품 캐리어 자동차 잠자리 애벌레 개미 마 고
3. 뒤죽 박죽	바다 기차 캠핑 맛집 선물 호텔 여권 휴가 추억 지도 숙소 예약 휴게소 리조트 수영장 여행사 여행경비 가족여행 여행가방 해외여행 패키지여행 비행기티켓
4. 연상 퀴즈	여행 호텔 날씨 캠핑 휴가 사진 공항 관광
5. 이 빠진 낱말	바다 기차 공항 펜션 제주도 리조트 여권 맛집 기념품 캐리어 캠핑 등산 휴게소 여행지도 예약
6. 낱말 숨바 꼭질	관광 가족여행 해외여행 캐리어 배낭 여행가방 여권 공항 날씨 렌트카 캠핑카 비행기 기차역 휴게소 바닷가 섬 무인도 제주도 해수욕장 펜션 리조트 사진 맛집 선물 기념품 구경 경치 워터파크 크루즈
9. 암호 퍼즐	기차 티켓 사진 지도 여행사 제주도 숙소 선물 캠핑 경치 유람선 가이드

봄	
2. 글자 숨바 꼭질	딸기 나비 입학 개학 진달래 노란색 개구리 개나리 호랑이 전화 종이 로 반 기
3. 뒤죽 박죽	나비 봄비 황사 딸기 벚꽃 새싹 노랑 튤립 봄나물 진달래 식목일 꽃가루 봄소풍 봄바람 개나리 새학년 어린이날 따뜻하다 미세먼지 청개구리 어버이날 아지랑이
4. 연상 퀴즈	나비 개구리 딸기 개나리 어버이날 소풍 황사 식목일
5. 이 빠진 낱말	나비 새싹 소풍 딸기 개나리 진달래 황사 봄비 꽃가루 식목일 개구리 노란색 어린이날 미세먼지 아지랑이
6. 낱말 숨바 꼭질	새학년 소풍 새싹 노란색 연두색 분홍 나비 개구리 개나리 진달래 튤립 벚꽃 목련 딸기 봄나물 나무심기 파릇파릇 아지랑이 꽃샘추위 미세먼지 황사 꽃가루 봄바람 어버이날 어린이날 스승의날
9. 암호 퍼즐	벌 개구리 새싹 봄비 목련 초록 개나리 노랑 소풍 나무 딸기 황사

여름

2. 글자 숨바꼭질	수영 장마 반팔 모기 팥빙수 삼계탕 열대야 에어컨 유니폼 청진기 여 가 겨 음
3. 뒤죽박죽	계곡 쿨팩 얼음 냉면 선탠 죽부인 모기약 선크림 바캉스 여름휴가 밀짚모자 방학숙제 워터파크 찜통더위 모래찜질 불쾌지수 모래사장 선글라스 해수욕장 공포영화 여름방학 아이스크림
4. 연상퀴즈	수박 빙수 선풍기 바다 포도 옥수수 모기 선글라스
5. 이 빠진 낱말	바다 장마 더위 매미 열대야 선풍기 모기 빙수 삼계탕 에어컨 소나기 선글라스 해수욕장 모래사장 공포영화
6. 낱말 숨바꼭질	태양 햇빛 열대야 무더위 소나기 태풍 팥빙수 냉면 아이스크림 얼음 수박 삼계탕 휴가 계곡 바다 모래사장 해수욕장 수영장 해변 선크림 선글라스 모기 공포영화 여름방학 파란색 에어컨 선풍기 부채
9. 암호퍼즐	바다 더위 그늘 파도 캠핑 선캡 수박 태풍 우산 부채 매미 모기

가을

2. 글자 숨바꼭질	곡식 낙엽 추수 국화 가을비 단풍잎 도토리 보름달 선생님 주차장 봄비 권 님
3. 뒤죽박죽	차례 성묘 국화 단감 축제 독서 노을 풍년 억새풀 햇과일 오곡백과 관광버스 천고마비 황금들판 허수아비 코스모스 귀뚜라미 강강술래 단풍구경 울긋불긋 시원하다 가을바람
4. 연상퀴즈	감 한복 송편 윷놀이 추석 단풍 밤 허수아비
5. 이 빠진 낱말	추수 국화 낙엽 추석 가을비 곡식 은행잎 성묘 도토리 보름달 단풍잎 송편 코스모스 강강술래 귀뚜라미
6. 낱말 숨바꼭질	은행잎 단풍잎 국화 코스모스 울긋불긋 귀뚜라미 허수아비 강강술래 추석 추수 한가위 송편 차례 풍년 보름달 노을 윷놀이 가을비 가을바람 한글날 단감 홍시 밤송이 도토리 다람쥐 시원하다 낙엽
9. 암호퍼즐	가을비 밤송이 추석 보름달 한복 친척 풍년 수확 하늘 빨강 노을 송편

겨울

2. 글자 숨바꼭질	장갑 흰색 폭설 떡국 목도리 털모자 털장갑 붕어빵 단풍잎 장마 살구 보 자 트
3. 뒤죽박죽	추위 호빵 핫팩 까치 캐롤 호떡 외투 코트 눈싸움 부츠 난로 떡국 눈사람 겨울잠 스키장 세뱃돈 온풍기 눈썰매 스케이트 군고구마 겨울방학 크리스마스
4. 연상퀴즈	귤 흰색 크리스마스 눈사람 설날 붕어빵 떡국 눈썰매
5. 이 빠진 낱말	추위 외투 떡국 트리 눈사람 털모자 난로 산타 온풍기 고드름 붕어빵 눈썰매 군고구마 크리스마스 설날
6. 낱말 숨바꼭질	함박눈 꽁꽁 눈송이 눈사람 고드름 롱패딩 산타 트리 크리스마스 캐롤 스케이트 스키장 눈썰매장 겨울방학 붕어빵 호빵 군고구마 군밤 설날 털장갑 털모자 목도리 부츠 폭설 새해
9. 암호퍼즐	산타 스키 귤 새해 연말 까치 군밤 고드름 설날 세뱃돈 어묵 핫팩

활동별 정답

정답-2. 글자 숨바꼭질

주제목록		두 글자 낱말			세 글자 낱말				다른 범주 낱말			짝없는 글자	
4-1	여행	펜션 관광 공항 날씨			비행기 기념품 캐리어 자동차				잠자리 애벌레 개미			마 고	
4-2	봄	딸기 나비 입학 개학			진달래 노란색 개구리 개나리				호랑이 전화 종이			로 반 기	
4-3	여름	수영 장마 반팔 모기			팥빙수 삼계탕 열대야 에어컨				유니폼 청진기			여 가 겨 음	
4-4	가을	곡식 낙엽 추수 국화			가을비 단풍잎 도토리 보름달				선생님 주차장 봄비			권 님	
4-5	겨울	장갑 흰색 폭설 떡국			목도리 털모자 털장갑 붕어빵				단풍잎 장마 살구			보 자 트	

정답-3. 뒤죽박죽

4-1	여행	바다 기차 캠핑 맛집 선물 호텔 여권 휴가 추억 지도 숙소 예약 휴게소 리조트 수영장 여행사 여행경비 가족여행 여행가방 해외여행 패키지여행 비행기티켓
4-2	봄	나비 봄비 황사 딸기 벚꽃 새싹 노랑 튤립 봄나물 진달래 식목일 꽃가루 봄소풍 봄바람 개나리 새학년 어린이날 따뜻하다 미세먼지 청개구리 어버이날 아지랑이
4-3	여름	계곡 쿨팩 얼음 냉면 선탠 죽부인 모기약 선크림 바캉스 여름휴가 밀짚모자 방학숙제 워터파크 찜통더위 모래찜질 불쾌지수 모래사장 선글라스 해수욕장 공포영화 여름방학 아이스크림
4-4	가을	차례 성묘 국화 단감 축제 독서 노을 풍년 억새풀 햇과일 오곡백과 관광버스 천고마비 황금들판 허수아비 코스모스 귀뚜라미 강강술래 단풍구경 울긋불긋 시원하다 가을바람
4-5	겨울	추위 호빵 핫팩 까치 캐롤 호떡 외투 코트 눈싸움 부츠 난로 떡국 눈사람 겨울잠 스키장 세뱃돈 온풍기 눈썰매 스케이트 군고구마 겨울방학 크리스마스

정답-5. 이 빠진 낱말

4-1	여행	바다 기차 공항 펜션 제주도 리조트 여권 맛집 기념품 캐리어 캠핑 등산 휴게소 여행지도 예약
4-2	봄	나비 새싹 소풍 딸기 개나리 진달래 황사 봄비 꽃가루 식목일 개구리 노란색 어린이날 미세먼지 아지랑이
4-3	여름	바다 장마 더위 매미 열대야 선풍기 모기 빙수 삼계탕 에어컨 소나기 선글라스 해수욕장 모래사장 공포영화
4-4	가을	추수 국화 낙엽 추석 가을비 곡식 은행잎 성묘 도토리 보름달 단풍잎 송편 코스모스 강강술래 귀뚜라미
4-5	겨울	추위 외투 떡국 트리 눈사람 털모자 난로 산타 온풍기 고드름 붕어빵 눈썰매 군고구마 크리스마스 설날

정답-4. 연상퀴즈

4-1	여행	여행 호텔 날씨 캠핑	휴가 사진 공항 관광
4-2	봄	나비 개구리 딸기 개나리	어버이날 소풍 황사 식목일
4-3	여름	수박 빙수 선풍기 바다	포도 옥수수 모기 선글라스
4-4	가을	감 한복 송편 윷놀이	추석 단풍 밤 허수아비
4-5	겨울	귤 흰색 크리스마스 눈사람	설날 붕어빵 떡국 눈썰매

정답-6. 낱말 숨바꼭질

4-1	여행	관광 가족여행 해외여행 캐리어 배낭 여행가방 여권 공항 날씨 렌트카 캠핑카 비행기 기차역 휴게소 바닷가 섬 무인도 제주도 해수욕장 펜션 리조트 사진 맛집 선물 기념품 구경 경치 워터파크 크루즈
4-2	봄	새학년 소풍 새싹 노란색 연두색 분홍 나비 개구리 개나리 진달래 튤립 벚꽃 목련 딸기 봄나물 나무심기 파릇파릇 아지랑이 꽃샘추위 미세먼지 황사 꽃가루 봄바람 어버이날 어린이날 스승의날
4-3	여름	태양 햇빛 열대야 무더위 소나기 태풍 팥빙수 냉면 아이스크림 얼음 수박 삼계탕 휴가 계곡 바다 모래사장 해수욕장 수영장 해변 선크림 선글라스 모기 공포영화 여름방학 파란색 에어컨 선풍기 부채
4-4	가을	은행잎 단풍잎 국화 코스모스 울긋불긋 귀뚜라미 허수아비 강강술래 추석 추수 한가위 송편 차례 풍년 보름달 노을 윷놀이 가을비 가을바람 한글날 단감 홍시 밤송이 도토리 다람쥐 시원하다 낙엽
4-5	겨울	함박눈 꽁꽁 눈송이 눈사람 고드름 롱패딩 산타 트리 크리스마스 캐롤 스케이트 스키장 눈썰매장 겨울방학 붕어빵 호빵 군고구마 군밤 설날 털장갑 털모자 목도리 부츠 폭설 새해

정답-9. 암호퍼즐

4-1	여행	기차 티켓 사진 지도 여행사 제주도	숙소 선물 캠핑 경치 유람선 가이드
4-2	봄	벌 개구리 새싹 봄비 목련 초록	개나리 노랑 소풍 나무 딸기 황사
4-3	여름	바다 더위 그늘 파도 캠핑 선캡	수박 태풍 우산 부채 매미 모기
4-4	가을	가을비 밤송이 추석 보름달 한복 친척	풍년 수확 하늘 빨강 노을 송편
4-5	겨울	산타 스키 귤 새해 연말 까치	군밤 고드름 설날 세뱃돈 어묵 핫팩

405

참고문헌

이승환(2005). 유창성장애. 서울: 시그마프레스.

Gregory, H. H. (2003). *Stuttering therapy: rationale and procedures* (pp. 217−262). Boston: Allyn & Bacon.

Guitar, B. (2014). *Stuttering: An integrated approach to its nature and treatment* (4th ed.). Baltimore, MD: Lippincott Williams & Wilkins.

Kelman E., & Nicolas A. (2020). *Palin Parent-Child Interaction Therapy for Early Childhood Stammering* (2nd ed.). New York, NY: Routledge.

Manning, W. H., & DiLollo, A. (2018). *Clinical decision making in fluency disorders* (4th ed.). San Diego, CA: Plural Publishing, Inc.

Starkwether, C. W. (1987). *Fluency and Stuttering*. Englwood Cliffs, NJ: Prentice-Hall.

Van Riper, C. (1982). *The nature of stuttering* (2nd ed.). Englewood Cliffs, NJ: Prentice-Hall.

Yairi, E., & Ambrose, N. G. (2005). *Early Childhood Stuttering: For Clinicians by Clinicians*. Austin, TX: Pro-Ed.

Yaruss, J. S. (1997). Clinical measurement of stuttering behaviors. *Contemporary Issues in Communication Sciences and Disorders, 21*, 33−44.

Yaruss, J. S., & Reardon-Reeves. (2017). *Early childhood stuttering therapy: A practical guide*. McKinney, TX: Stuttering Therapy Resources, Inc.

저자 소개

이지숙(Lee jisuk)

나사렛대학교 언어치료학과(문학사)
이화여자대학교 대학원 언어병리학(언어병리학 석사)
나사렛대학교 언어치료학과 출강
현 신 · 언어임상연구소 부소장
　우송대학교 언어치료청각재활학과 출강
　보건복지부 국가자격증 언어재활사 1급

황주희(Hwang juhee)

연세대학교 대학원 언어병리학 협동과정(언어병리학 석사)
미국 뉴욕 주립대학교(영어교육 석사)
조선대학교 언어치료학부 겸임교수 역임
단국대학교 특수대학원 출강
현 신 · 언어임상연구소 책임연구원
　보건복지부 국가자격증 언어재활사 1급

최 숲(Choi soop)

단국대학교 대학원(언어청각장애전공 석사)
조선대학교 대학원(언어병리학 박사)
조선대학교 언어치료학부 출강
조선대학교 사회복지센터 언어재활사 역임
신 · 언어임상연구소 언어재활사 역임
광주대학교 언어치료학과 교육전담 교수 역임
현 강남이화말언어연구소
　보건복지부 국가자격증 언어재활사 1급

감수자 소개

신문자(Shin moonja)

이화여자대학교 및 동 대학원(언어학 석사)
미국 미시간 주립대학교 대학원(언어병리학 석사)
단국대학교 대학원(언어청각장애전공 박사)
서울대학교병원 소아정신과 언어치료실 근무
조선대학교 언어치료학과 교수 역임
한국언어재활사협회 협회장 역임
현 신 · 언어임상연구소 대표
　보건복지부 국가자격증 언어재활사 1급
　모래놀이전문가 1급 자격증
　American Speech-Language-Hearing Association
　(미국 말-언어청각학회) Fellow 및 언어치료 자격증(CCC-SLP)

유창성 워크북: 유창하고 즐거운 의사소통
Fluency Workbook: Fluent and Happy Communication

2022년 6월 20일 1판 1쇄 인쇄
2022년 6월 30일 1판 1쇄 발행

지은이 • 이지숙 · 황주희 · 최숲
감수자 • 신문자
펴낸이 • 김진환
펴낸곳 • (주) **학지사**

　　　　04031 서울특별시 마포구 양화로 15길 20 마인드월드빌딩
대표전화 • 02)330-5114　　　팩스 • 02)324-2345
등록번호 • 제313-2006-000265호

홈페이지 • http://www.hakjisa.co.kr
페이스북 • https://www.facebook.com/hakjisabook

ISBN 978-89-997-2708-5 93370

정가 22,000원

출판미디어기업 **학지사**

간호보건의학출판 **학지사메디컬** www.hakjisamd.co.kr
심리검사연구소 **인싸이트** www.inpsyt.co.kr
학술논문서비스 **뉴논문** www.newnonmun.com
교육연수원 **카운피아** www.counpia.com